U0137671

讨海人
玉沙坡涛声

思明记忆之厦门海洋历史文化丛书

厦门市思明区文化馆
厦门市闽南文化研究会 编

陈复授 著

海峡出版发行集团
THE STRAITS PUBLISHING & DISTRIBUTING GROUP
鹭江出版社
LUJIANG PUBLISHING HOUSE

2020年·厦门

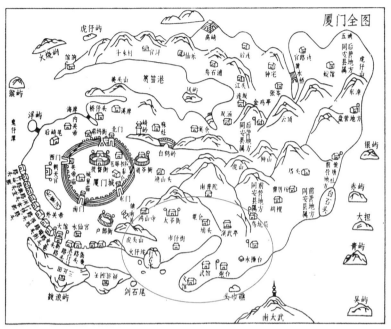

《厦门志》（清·道光）中的《厦门全图》（红圈处为厦港讨海人聚居地）

《渔港归鱼图》（厦门博物馆展品，黄国强绘）

1

厦港全景图（陈葆虹摄）

远洋跨国渔轮迎送场景（陈宗岑摄）

如今的沙坡尾（张青山摄）

观赏性王船展览（张青山摄）

厦港送王船场景（张青山摄）

总　序

2016 年受思明区文化馆的委托，厦门市闽南文化研究会配合厦门市非物质文化遗产保护中心、厦港街道等在沙坡尾设计、建设送王船展示馆。展示馆建成后，来参观的人很多，当时文化部非遗司的领导和专家观看后，对于在这样简陋的条件下能有这样的展示很是称赞。思明区文化馆于是进一步和厦门市闽南文化研究会商定共同编撰出版这套"思明记忆之厦门海洋历史文化丛书"，委托我担任这套丛书的主编。厦门市闽南文化研究会于是成立了"厦门海洋文化研究课题组"，成员除几位作者之外，还有海沧区闽南文化研究会的几位年轻人。

2017 年，习近平总书记在金砖国家领导人厦门会晤时对厦门文化作了高度的概括，他说，"厦门还是著名的侨乡和闽南文化的发源地，中外文化在这里交融并蓄，造就了它开放包容的性格和海纳百川的气度"。

这段话内涵丰富：厦门在近现代的发展中秉持开放包容、海纳百川的理念，创新、创造了体现中外文化美美与共的新闽南文化，引领了闽南文化在近现代的创新发展，是近现代闽南文化的发源地。

讲厦门离不开闽南，讲闽南也离不开厦门。只有全面深刻了解几千年来闽南人与海洋的关系，及其所构建的闽南海洋文化，才可能真正了解厦门在其中所发挥的作用。不了解闽南，无以解读厦门；当然不了解厦门，也不能全面完整地解读闽南。厦门海洋历史文化，必须从闽南海洋文化说起。

闽南文化区别于其他地域文化最重要的特征就是它的海洋性。把"海"字拆解可知：水是人之母，海洋是生命的摇篮。山海之间的闽南，与海洋结下了不解之缘。不理清闽南海洋文化，就不能真正认识、理解闽南文化。

习近平总书记在致2019中国海洋经济博览会的贺信中指出：海洋对人类社会生存和发展具有重要意义，海洋孕育了生命、联通了世界、促进了发展。

党的十九大报告明确提出：坚持陆海统筹，加快建设海洋强国。

当今世界，海洋占地球面积的71%；世界GDP的80%产生于沿海100公里地带；世界贸易的90%是通过海运实现的。[①] 世界最发达的地区是纽约湾区、旧金山湾区、东京湾区。中国最发达的地区，是珠三角、长三角、环渤海地区。现在中国正在推动粤港澳大湾区建设。

人类向海洋、向港口海湾型城市的集聚和靠拢，已经成为发展趋势。

世界发展的另一个趋势是世界经济重心向亚洲转移。过去500年，经济全球化是以西方为中心的。进入21世纪，以东亚和金砖国家为代表的发展中国家迅猛崛起。

---

① 王义桅：《世界是通的——"一带一路"的逻辑》，商务印书馆，2016年版，第5页。

2018 年，发展中国家在世界经济中所占的比重已经超过了 40％，西方发达国家所占的比重从曾经的将近 90％降到 60％。世界经济呈现出东西平衡、南北平等的趋势，标志着以西方为中心的经济全球化正在结束，构建人类命运共同体的经济全球化新时代已经开启。

我们必须在这两个世界潮流中，以长时段、全局性、动态性的历史思维来重新认识、重新定位闽南文化。

闽南的历史，可以说就是四个港口的历史。（1）宋元时期的泉州刺桐港，曾经是世界海洋贸易的中心，创造了许许多多彪炳于世的文化。（2）明朝时的漳州月港，打破明王朝的海禁，成为中国迎接大航海时期经济全球化第一波浪潮的最大对外贸易港口，创造了克拉克瓷等传播世界的文化精品。（3）清代以后的厦门港，曾经是闽台对渡的唯一口岸，又是闽南人过台湾、下南洋的出发地和归来港口。厦门工匠还改进福船，创制了同安梭船，并以蔗糖、茶叶、龙眼干等闽南农产品的商品化，推动了海洋文化与农耕文化相融合的闽南海洋文化在清代的发展。鸦片战争以后，厦门学习工业文明，推动了闽南文化的现代化，培育了许多中国近代的杰出人物。（4）1949 年后，由于西方的封锁，香港和台湾在后来的 30 年里成为中国仅有的对外开放区域，台湾的高雄港一度成为世界第三大的港口，台湾的闽南语流行歌曲、电视歌仔戏、电视布袋戏成为 20 世纪下半叶闽南文化创新发展的典型。

历史证明，闽南最大的港口在哪儿，哪里就引领闽南文化的创新与发展；闽南的海洋文化是千百年来闽南文化生生不息的重要发展动力，是中国海洋历史文化的杰出代表。

2017 年，厦门和漳州的 12 个港区组成的厦门港，其集装箱吞吐量超过高雄港，成为世界第十四大港口。厦门，又一次成为闽台最大的航运中心。

在世界走向海洋、走向湾区的大趋势中，在港口引领闽南经济社会文化发展的历史经验里，新时代闽南文化研究将何去何从？

为了更美好的明天，我们必须以新视野、新思维、新方法重新认识、重新梳理闽南海洋文化，重新总结闽南海洋文化历史给我们提供的经验、教训和智慧，充分发挥闽南文化的作用，推动构建 21 世纪海上丝绸之路民心相通的文化平台，推动构建人类命运共同体，促进祖国的和平统一。加强闽南海洋历史文化的研究，意义深远，应当引起更多的重视和关注，应当成为闽南文化研究的重中之重。

一、 关于海洋文化

走向海洋，就必须了解海洋，了解海洋文化。但是关于海洋文化，关于中国海洋文化、闽南海洋文化，至今还有许多模糊的看法，影响我们真正地了解海洋文化，了解闽南海洋文化。

人类拥有共同的海洋知识，但世界上没有相同的海洋文化。日本的海洋文化不同于英国的海洋文化，广东的蜑民不同于闽南的蜑民。但是，究竟不同在哪里？似乎还没有明晰的解读。

在世界文明类型的划分中，以黑格尔的《历史哲学》

观点最为经典，对后世影响最大。

在欧洲横行世界的历史背景下，黑格尔以欧洲为中心，根据世界地理和人类思想本质的差别，将世界文明分成三种类型[①]：一为干燥的高地、草原和平原，以非洲大陆及游牧民族为代表，他们以放牧为业四处迁徙，除了显示出好客和喜好劫掠两个极端性格之外，并无法形成法律和国家，因其野蛮本性而被黑格尔隔绝于文明之外；二为大江大河灌溉的平原流域，以亚洲大陆和农耕民族为代表，他们依靠农业获得四季有序的收获，因土地所有权及各种法律关系而产生国家，并从中孕育了保守的、苟安的、封闭的、忍耐的大陆文明；三为与海相连的海岸地区，以欧洲大陆和海洋民族为代表，他们摆脱陆地的束缚走向海洋，进行征服、掠夺和争逐利润的商业活动，从而养成了冒险的、扩张的、开放的、具有竞争性的性格和相应的海洋文明。

从黑格尔的文明划分中，我们可以明显地感受到当时欧洲人对其海上活动的自我满足及陶醉，一方面从物质行动上加紧对其他文明的掠夺并提升欧洲本土的资本积累和经济发展，另一方面从精神总结上对其行为加以美化和修饰以达到对他人的精神殖民。显然，欧洲人的文化输出是成功的，以至于到了今日，还有不少人仍然认为中华文化就是农耕文化，将黑格尔的以大陆文化（黄色文明）和海洋文化（蓝色文明）来区分东方和西方

---

①刘登翰：《中华文化与闽台社会——闽台文化关系论纲》，福建人民出版社，2002 年版，第 195 页。

文化奉为标准，并依此来审视和定义中华文明。

但是，中国是一个地域广袤、陆海兼备的国度。中华文明是农耕文明、游牧文明和海洋文明三种文明的融合，必须从大陆与海洋两个向度来把握中华文化的生成，才符合历史的真实。

事实上，中华民族走向海洋的历史不比欧洲晚，而且大规模利用海洋、形成独具特色的中华海洋文化比欧洲要早得多。

尽管黑格尔的海洋文化理论在解释人类文明起源和揭示不同文明性质上有着合理的内核，但其片面性和内在的悖论却常为学界所质疑。为了说明海洋对人类（无论是东方还是西方）文化发展的意义，许多学者倾向于从海洋与人类的关系，在本体论的意义上重新定义海洋文化。

海洋文化是人类在特定的时空范畴内，源于海洋而生成的文化。海洋文化的本质就是人与海洋的互动关系。按照马克思关于经济基础决定上层建筑的理论，人们利用海洋的经济方式，人与海洋建立的经济链条、生产方式，产生了人的海洋文化。不同时期、不同地域的人们利用海洋的不同方式构筑的不同经济链条，必然诞生不一样的海洋文化。中国的海洋文化、日本的海洋文化、英国的海洋文化，彼此都是不相同的。可以说人类有共同的海洋知识，但人类创造的海洋文化却是丰富多彩、千差万别的。

世界海洋文化发展历程可以分成三个时期：原始时代、农耕时代、工业时代。

原始时代诞生了对后世影响深远的海洋捕捞和盐业生产。考古学的发现证明，人类早在六七千年前就有了利用海洋生物维生的历史实践，产生了各种捕捞的工具，包括独木舟、木筏，开始原始的航海，并积累了人类对海洋最早的认识，包括海流、潮汐、风信等。其后，又有了海水晒盐的经济活动。盐是人类生存必不可少的物质。盐业专卖从农业社会早期就成为国家财政的重要来源。渔获与海盐的生产和利用延续到农业社会，直至今天。这两种经济方式催生了人类原始海洋文化。

当然这个结论也是要打问号的。

虽然有1947年挪威考古学家托尔·海尔达尔木筏横渡太平洋的伟大壮举以及诸多的考古发现，但是在原始社会诞生的独木舟、木筏，究竟如何影响后世的海洋文化？潮汐、季风、海流究竟是在什么时候被人们发现、了解、掌握的？……由于资料的贫乏，我们今天实际上对原始海洋文化还是缺乏深入的了解，还难以展开深入的讨论。

我们更缺乏对原始海洋文化的感恩。我们每天吃着海盐、海味，但很少有人会想到这是原始海洋文化留给我们的恩泽。人类原始海洋文化通过言传身教，延伸到了农业社会，甚至现代的工业社会。它是在人类早期利用海洋的经济基础上形成的海洋文化，既是世界上沿海地区最古老、最普遍的海洋文化，也是人类接触海洋的基本方式，贯穿了人类数千年的历史，并造福于子孙万代。

进入农业社会后，人类除了延续和创新以渔业和盐业为代表的原始海洋文化，还产生了三种新的海洋文化。

其一为在地中海诞生而后横行世界的"空手套白狼式"的掠夺型海洋文化。以西方为代表，通过强权和强大先进的武装掠夺或殖民他者获取物资，再进行以货易货的活动，从而实现自身的财富积累，并将这种血腥、残忍和不公正的海洋经济活动自诩为进取、先进的海洋文化。这种文化的拥有者崇尚丛林原则，不相信、也不理解世界上可以有双赢和多赢。

其二为资源型的海洋文化。以古代日本和当今如马尔代夫（自然风光）、中东等资源输出国为代表，通过海洋输出得天独厚的自然资源和原始产品获得经济社会发展，并因此形成独具特色的资源型海洋文化。

其三，以勤劳智慧创造制成品开展海上公平贸易的海洋文化。以中国为代表，通过百姓的智慧和勤劳的双手创造出农业社会大量优质的商品，诸如丝绸、瓷器、茶叶等等，并依靠繁华的港口、先进的船舶制造技术和远洋航海技术开展公平贸易。在这样的经济活动中产生了富于中国特色的海洋文化。这种文化崇尚的是诚信、公平、双赢、多赢，童叟无欺、薄利多销，有饭大家吃、有钱大家赚。其中尤以闽南的海洋历史文化为代表。这里所说的海洋历史文化，指农业社会的海洋历史文化。

在人类的农业社会，尤其是从唐末到清中叶，中国以农产品和手工制品为支撑的海洋文化彪炳于世，其农产品和手工制品是世界海洋经济最主要的商品。中国的港口、造船、航海技术和贸易额都占据世界最前列。

上述四种原始社会、农业社会的海洋文化依然呈现于当今的世界。中国的海洋文化在进入工业时代以后，经历了被侵略、被蹂躏的过程和学习、追赶的过程。在2010年，中国终于超过了美国，成为当今世界最大的工业制成品制造国。2015年中国的工业制成品的产值相当于美国与日本的总和，2018年相当于美国、日本、德国的总和。2014年中国的商品贸易额超过4万亿美元，成为世界最大的商品贸易国。当今世界10个最大的港口，有7个属于中国。不过，工业时代的海洋文化更加复杂，不在本丛书研究课题的范畴之内。

农业时代这三大类海洋历史文化，还可以有更加细致的分类方法，例如闽南的海洋历史文化和广东的海洋历史文化，它们当然也有差别，但那只是在习俗、服饰、船形等比较小的方面的特色差异。在依靠勤劳智慧创造制成品来开展公平的海洋贸易方面，它们是一致的。

二、 闽南海洋历史文化的主要特征

早在原始社会，位于福建沿海的闽越人已经以海为生，创造了闽南原始海洋文化，最典型的就是金门的富国墩遗址。

之后中原人南迁，逐渐与闽越人发生融合，大约在唐末五代至北宋初年的100多年间，诞生了具有中国特色的闽南海洋历史文化。延续近千年的闽南海洋历史文化最大的特色，就是以海上贸易为引领，融合了闽南原始海洋文化和中原的农耕文化。

闽南海洋历史文化之所以能够以勤劳智慧创造出农产品和手工业商品来开展公平的海上贸易，最根本是在于其有着源自中原的深厚的农耕文化的基础，并且创造性地依托海洋开拓商品市场来引领农耕产品的商品化和市场化。

我国中原传统农耕文化的最大特点是自给自足。其生产的产品，主要用于自己消费，而不是用于市场交易。而闽南的农耕文化在海洋、海商的引领下，具有强烈的商品化特点。比如清代的同安农田主要不是用来种植自己吃的水稻，而大多是用来种植卖给糖商的甘蔗。因为一亩地种甘蔗所得，是种水稻的数倍。

历史上同安的每一个村庄至少都会有一个榨蔗制糖的糖廊，收购农民的甘蔗制成蔗糖，然后用同安人创造的"同安梭船"载往东南亚，换取那里的暹罗米、仰光米、安南米。据说最成功的商人一斤糖可以在那里换到十多斤大米。清朝有不少文献记载了皇帝特许南洋的大米可以免税或减税进口到厦门。仔细查阅，发现那些申请免税的进口商，都是华人的名字，其中很多是同安海商。

在厦门海商的引领下，同安平洋地种甘蔗，制糖出口；山坡地种龙眼树，制龙眼干出口；山地种茶树，制茶叶出口。海洋文化引领着农耕文化，引领农产品走向商品化、市场化，创造出更加丰厚的财富。

所以，闽南海洋历史文化中的农耕文化与中原传统的农耕文化是不一样的。它以海商所开拓的海洋贸易市场为引领，以农民辛勤劳动所制造的规模化的商品（不是自给的产品）参与海洋的商业活动，是整个闽南海洋经济链条中一个不可或缺的环节，已经完全融入闽南海洋历史文化之中。这是闽南人、闽南文化在明清时期，特别是清前期一个伟大的创新和开拓，也传承和巩固了闽南海洋历史文化最主要的特色。

因此，在今日重新审视中国海洋文化时，闽南海洋历史文化的发展轨迹和独具的特色便是辨识中国海洋文化的最好依据。

长期以来，闽南人对自己"根在河洛"深信不疑，甚至常常以"唐人"自居，对自己所处的区域统称为"唐山"。这种对中原乃至"唐朝"根深蒂固的偏好，不仅与闽南先人南迁前最深刻的记忆及其形成之初的历史密切相关，更是一种自身文化在迁徙、融合和变迁之后，对祖先文化、中央文化的一种认同。这是汉文化、中华文化一个非常重要的特质。正是这一特质，使得在广袤的中国土地上，东西南北不同区域、不同省份，甚至连方言都相互听不明白的亿万汉人，认同一种汉文化，凝聚成一个民族。进而使56个语言、服饰、习俗都不尽相同的民族融汇成了一个中华民族。

这一方面得益于各民族都参与了大一统中央文化（雅文化）的构建，他们把自己各自不同特色的区域文化、民族文化都融进了大一统文化之中；另一方面源于东西南北中的各族人民对自己区域文化作为汉文化、中华文化的解读有着极大的宽容和认可，甚至是鼓励。

由于历史的局限，过去我们曾经认同中华文化单一起源说，认为四面八方的区域文化都是吮吸着中原母文化的乳汁成长的。但是，现代考古的发现证明，中华文化的起源是多元的。母亲的乳汁，是四面八方的孩子们奉献的三牲五谷、山珍海味共同酿造而成的。中华文化历经多元多次重组，你中有我，我中有你，甚至还有他。我们需要在这样的理解上重新认识中华文化与闽南文化的关系。

三、 闽南海洋历史文化的孕育、 形成与发展

考古的发现告诉我们，早在中原汉人南迁到达闽南之前，这里已经生活着世世代代以海为田、以舟为马的古百越人。海洋已经成为他们生活的一部分，他们不仅已经拥有成熟的渔业型原始海洋文化，而且已拥有相当高超的航海技术和造船技术。

从西晋永嘉之乱始，饱受战乱的中原人一路辗转南迁，陆陆续续在晋江、九龙江、漳江等闽南母亲河流域定居，并开始与当地闽南古百越的原始海洋文化相融合。融合之后的闽南人开始适应闽南的地理环境，从而有了深入发展的创造性。这种循序渐进的本土化发展历程，既深化了闽南人的海洋性格，又创造产生了融农耕与海洋为一体的闽南海洋历史文化，并使之成为闽南文化最基本的底色和最耀眼的亮点。

闽南海洋历史文化和闽南文化的孕育，或许有时间上的先后，但闽南文化的形成必然是在闽南海洋历史文化形成之时，方才奠下了历史的里程碑。

闽南海洋历史文化的形成发展大致可分为六个时期。

1. 孕育期

从西晋永嘉到唐末，中原南来的汉族和闽南古百越的山畲水疍开始了融合的进程。这两种文化的相遇必然有激烈的碰撞、痛苦的磨合与相互的包容。唐初，陈政、陈元光父子以雷霆手段直捣畲族的中心火田，古稀之年

的魏妈以化怨为和的精神推动了汉畲的融合。但 30 多年后陈元光的死，警醒了唐军。陈元光的子孙从云霄退漳浦，从漳浦迁龙溪，未尝不是在利害得失的权衡之后对畲族的退让。

在晋江流域，汉族与疍民也形成了各自生存的边界，和平相处。泉州士绅赋诗欣赏疍家的海味，当是对疍家生活世界的包容。

到唐代中叶，闽南呈现出山地畲、海边疍，汉人在最肥沃的河流冲积平原的格局，呈现出彼此边界明晰的"和为贵"的包容。包容并不是融合，但在和平的包容中彼此相互认识、了解，进而欣赏，"两情相悦"，这正是融合的开始。

最后"进入洞房"，诞生新的生命、新的文化，必须有一个锣鼓喧天、鞭炮齐鸣的日子。这个日子在唐末藩镇割据、军阀混战和黄巢血洗福建的历史背景下，终于来到了。

2. 形成期

后世尊王审知为开闽王，千年祭祀，这一历史的价值、意义，值得我们今天重新来品味、体会。

唐末安徽军阀王绪率领五千兵马、数万河南固始百姓千里辗转来到同安北辰山。因为饥饿，王绪下令杀死固始的老人而被王潮、王审邽、王审知三兄弟夺权。又因为饥饿，三兄弟夺取泉州，第一次品尝到了闽南的海鲜海味。在经历黄巢起义军的洗劫之后，仅靠泉州的存粮，没有闽南疍家的海鲜，是不可能满足这几万中原兵民的饥肠的。而他们也在品味到海鲜的美味，体会到海鲜蛋白给予他们的力量和智慧的同时，开始产生了对海洋的情感和热爱，以及对疍家所拥有的闽南原始海洋文化的欣赏、羡慕与追求。这是之前几次大规模迁移来的中原移民所没有体会到和产生的情感。

这是饥饿产生的情感。饥饿使这些中原南来的汉人，放下了面对土著居民的高傲和不屑，学会了平等地对待带给自己美味和温饱的疍家。这种"美人之美"推动了双方的"美美与共"，那个"进入洞房"的日子终于来到了。

这数万河南固始百姓心满意足地在闽南安家落户，开始关注闽南原始的海洋文化，并在从唐末到宋初的百年间，把自己从中原带来的农耕文化，包括手工业技艺、造船技术、冶炼金属技艺等等，融入了闽南原始的海洋文化，创造形成了农耕时代的闽南海洋历史文化，也形成了闽南文化最重要的特色。

3. 飞速发展期

两宋时期由于政权对海洋交通贸易的关注，以及各种历史的因缘际会，使闽南的泉州港得到了飞速的发展，成为世界屈指可数的大港口之一。闽南烧制的以青白瓷为主的各种瓷器，成为对外贸易的主要商品。闽南的福船应用了龙骨、水密隔舱等先进的造船工艺，成为当时世界先进的远洋船舶。闽南的航海人运用了水罗盘等各种先进的航海技术，形成队伍庞大、技术先进的远洋船队。在如此彪炳于世的海洋经济基础之上，闽南人创造了闽南海洋历史文化，这也是闽南文化最为辉煌灿烂的一页。

4. 畸形发展期

元代不足百年，却是闽南文化的灾难期，也是闽南海洋历史文化畸形发展的时期。在这一时期，元朝统治者以残酷的民族压迫和剥削阻挡闽南底层百姓赖以为生的农产品和手工业品的商品化生产，扼杀了其辉煌的文化创造力，摧毁了支撑闽南海洋历史文化的闽南农耕文化。

南宋淳祐年间（1241—1252 年），泉州共有 255,758 户，计 132.99 万人。仅仅二三十年后的元至元八年（1271 年），泉州户口锐减至 158,800 户，81 万人。到元朝末期的至正年间（1341—1368 年），泉州路辖境未曾增减，但户口已减为 89,060 户，45.55 万人；到明洪武十四年（1381 年），户口继续减至 62,471 户，35.11 万人[①]。泉州的人口从宋末的 133 万减少到明初的 35 万。这一时期刺桐港给闽南人、闽南文化带来的灾难之深重，可想而知。

支撑元代刺桐港进一步发展壮大的原因之一，是因元朝疆域广袤的领土成为刺桐港的腹地。刺桐港是元代中国最大的港口，它的腹地延伸到了全中国，出口的商品来源于全中国，特别是南方各地最优秀精美的农产品和手工业品，其中最著名的就是元青花瓷，它出产于景德镇而不是闽南。在这样广阔的腹地支撑下，刺桐港成了世界最大的贸易港口。但这个港口最富有的是色目人，最有权势的是蒙古贵族。元朝统治者剥夺了闽南百姓走

---

① 泉州市地方志编纂委员会：《泉州市志》，中国社会科学出版社，2000 年版。

向海洋的主导权。八娼、九儒、十丐，闽南的精英知识分子比乞丐好一些，比娼妓还不如。闽南文化在社会的最底层挣扎呻吟。

一面是海洋历史文化的高度发达，一面是闽南百姓的贫富分化不断加剧。这种畸形的发展状态，深刻影响了其后闽南海洋历史文化的曲折走向。

5. 曲折发展期

元朝的残酷压迫引发了元末闽南百姓的起义，也摧毁和赶走了元朝最富有、最庞大的泉州刺桐港色目人海商集团。紧接着闭关自守的明朝统治者，又实行了民间"片板不许下海"，只准官方朝贡贸易的政策。世界最大的港口泉州刺桐港的地位从此一落千丈。

但是闽南人的心永远向着大海，他们几乎是全民开展走私贸易，甚至集结成海上武装走私贸易集团来抵抗明廷统治者的海禁。闽南的海洋历史文化就从两宋时期的官商一体共同推动海洋交通贸易转变为官海禁、民走私，官民对立的海洋贸易。在这样的生产生活环境中产生了闽南人民不畏强暴、刚强不屈、犯险冒难、好勇斗狠的性格。

这一时期又正是西方大航海时代的初期，葡萄牙、西班牙帆船叩关中国。闽南人在艰难的环境下主动对接并发展新的海外市场，生产了克拉克瓷、漳绸漳缎、天鹅绒等商品，震惊了西方市场，赚取了大量的白银。这一经血与火洗礼的艰难曲折发展，凝结了无数闽南人的生命和苦难。

两百年的博弈，终于使明朝统治者明白：禁则海商变海匪，放则海匪变海商。于是有了隆庆开海，官民再合作，创造了闽南海洋历史文化中的月港辉煌。

林仁川教授认为，月港是"大航海时代国际海上贸易的新型商港，美洲大航船贸易的重要起始港，大规模华商华侨闯荡世界的出发港，中国封建海关的诞生港"，对中国、世界社会经济都产生了重大影响。

月港繁荣的末期，被誉为"经济全球化东亚第一人"的郑芝龙打败了西方海上霸主荷兰人，控制了东亚海上贸易。他把闽南海上交通贸易的中心从月港迁移到了安平港，时间虽很短，但延续了月港的辉煌。

他的儿子郑成功面对清军和荷兰人的夹击，把根据地转移到了厦门，设立了思明州，开创了军港、商港、渔港三合一的厦门港。他又创立陆海相联的山海五路商业网络，把厦门港的腹地延伸到了全国，几乎掌控了当时全国的海上交通贸易。而后他又驱赶荷兰人，收复台湾，为闽南海洋历史文化写下了光辉灿烂的一笔。

为了扼杀郑氏集团的经济来源，清王朝残酷地实行了"迁界"和弃岛政策：沿海各省三十里地不准居住耕作，限时搬迁；沿海岛屿全部清空。迁界从 1661 年开始，至 1684 年二十多年的时间，从根本上断绝了闽南人与海洋的联系，使原本陆海相系的海洋经济链条完全断裂，以致有不少地方的经济长时间难以恢复。

当然，与明代官民逾两百年的残酷博弈相比，这也只是闽南人走向海洋的一个短暂的曲折过程。康熙二十二年（1683 年）施琅收复台湾后，清王朝将台湾纳入版图，台湾成为福建省台湾府，开放福建人渡海开垦台湾。

闽南人近水楼台先得月,"唐山过台湾"成为闽南海洋历史文化重要的一环。清廷还取消了迁界,开放了海禁,并在厦门岛设立"闽海关"。虽然其后时放时禁,但经不住闽南人向海之心的汹涌澎湃,从康熙到道光的 150 多年间,闽南人围绕着厦门港重新构建起海洋与农耕相融合的闽南海洋历史文化,并形成了闽台两地一体的海峡经济区。

风靡一时的同安梭船源源不断地将闽南的糖、瓷器载往东南亚,并载回暹罗米、仰光米、安南米。朝廷还多次下谕予以减税进口。虽然乾隆将西洋贸易归于广州一口,但广州十三行的四大行首,仍有同安白礁潘、漳州诏安叶、晋江安海伍三家来自闽南。

可是,农业文明的丧钟已经敲响,而闭关锁国、妄自尊大的清廷竟充耳不闻,直到鸦片战争列强炮舰的大炮轰响。

6. 衰亡期

建基于农业文明的闽南海洋历史文化,面对西方工业文明的咄咄逼人,虽然也曾抗争,也曾效仿,却依然一步步落败,走向衰亡。这一时期虽然商品的出口越来越少,但聪明的闽南人走出国门的却越来越多。他们呼朋唤友、成群结队走向世界。落番下南洋、侨汇支持家乡、实业救国、教育救国,回国革命、回国抗日、回国建设新中国,成为这一时期闽南海洋历史文化耀眼的光彩。

闽南海洋历史文化的衰退,从鸦片战争前开始,一直延续到改革开放初期。其时闽南的出口商品,几乎只有针对东南亚华侨的茶叶、瓷器、珠绣拖鞋、佛雕等手工艺品和有限的闽南水果。

闽南海洋历史文化的衰退与闽南工业化的学习和建设，几乎是同时开始的。到改革开放初期，闽南已经奠下了一定的工业基础。改革开放40余年，跟随着祖国发展的步伐，闽南人民开创了自己建基于工业文明的当代闽南海洋文化。在这其中台港澳的闽南人以及海外的闽南华人华侨作出了许许多多的贡献。

不过，关于工业时代的闽南海洋文化已经是另外一个研究课题。

四、 闽南海洋历史文化的内涵

海洋文化是人类在特定的时空范畴内，与海洋互动而生成的所有物质与非物质的文化，包括相关的经济、军事、科技、文化交流等活动，因海而生的各种生活方式，以及行为、习惯、制度、语言、艺术、思维方式和价值取向。

闽南的海洋历史文化大致包含以下几种。

1. 闽南渔业文化

闽南的渔业分为内海、外海和远洋的捕捞，还有滩涂和近海的养殖以及相关的加工业。由此产生各种生活习俗、口传文学、民间信俗等渔文化。出海的渔民被称为"讨海人"。沿海半农半渔的村落耕耘滩涂和近海，被称为"讨小海"。

2. 闽南盐业文化

闽南沿海半农半渔的村落，有的占有地利，很早就在自己的海湾滩头开辟出盐埕，并形成了一整套海水晒盐的生产技术、相关的工艺流程和生产工具。古时候，闽南绝大多数的盐业生产都有官方的介入，实行了盐业专卖的制度，但食盐的生产和走私，却也是绵延不绝。在这样的经济生产、交流、制度之上，产生了独具特色的闽南海盐文化。从事这一行业的人被称为"做盐的"、盐埕工。

3. 闽南船舶文化

福船是我国历史上远洋船舶最杰出的代表。福船的创造和生产，起于五代至两宋时期的闽南。其后历朝历代的闽南人不断地对福船进行创新、改造，直至清初创制了同安梭船，呈现了闽南造船技艺独树一帜、领先世界的风貌。从事这一行业的人被称为造船人。他们不但创造、传承、发展了造船的技艺，而且创造传承了相关的民俗习惯、口传文学、民间制度、民间信俗，极大地丰富了闽南海洋历史文化。这一文化在现今造王船的技艺和习俗中被较好地传承和留存，但也面临着后继无人的境况。

4. 闽南航海文化

这一文化包括观测天象、海象的智慧，制作牵星图、针路图、水罗盘的技艺，染制海上服装、风帆的技术，海上养猪、补水等创造供给的智慧，尤其是与风浪搏击的技艺和智慧等等。闽南人称航海人为"行船人"。他们拥有默契的团队精神，创造了独具特色的民俗习惯、专有名词和民间信俗。他们同舟共济、不畏强暴的精神深刻地影响了闽南文化的价值取向。

5. 闽南路头文化

闽南人把码头称作"路头"。"路头工""路头王"

"路头好汉"，还有过驳舢板的船工，以及雇请船工、路头工的货主等构成了闽南港口文化的主体，演出了闽南路头一幕幕人生剧。

6. 闽南海商文化

郊商郊行虽然是清以后才出现在文献典籍上，但闽南从五代开始的海上交通贸易就是在城郊外设立"云栈"。郊商郊行和侨商，是闽南海商最主要的群体，产生了一整套贸易制度和贸易体制，深刻地影响了清朝时期闽台两地海峡经济区的形成以及中国与东南亚的经济文化交流，推动了台湾文化和南洋华人华侨文化的形成。

当然，明海禁两百多年所催生的闽南海上武装贸易集团，也有自己的贸易体制和贸易制度，也催生了独具特色的海商文化，并深刻地影响了后世的海洋文化发展。

7. 台湾文化

台湾文化是中华文化的又一个区域文化，由多种文化融合而成，但它的主体无疑是闽南文化。台湾75%的人祖籍闽南，90%以上的人讲闽南话，大多数人信奉和参与闽南民间信俗活动，所有这些都源起于"开台第一人"颜思齐开始的"唐山过台湾"。闽南人的分香、分炉、分庙和其后的进香、谒祖、续谱，让闽南文化深深地扎根于台湾，并在那儿吸收融合其他的种种文化，不断地有新的创造和发展，回馈闽南原乡故土。

8. 华侨华人文化

闽南人下南洋历史极其悠久，不过最大量的迁徙南洋是在鸦片战争以后。闽南的华人华侨分为两支，一支落叶归根，以陈嘉庚这样的归国华侨为代表；一支落地生根，以峇峇娘惹为代表。当然还有所谓的"新侨"，他们大都已经在居住国落地生根、开花结果。他们各自都创造和形成了具有鲜明特色的华侨文化，成为闽南海洋文化重要的组成部分。

9. 海防文化

闽南人鲜有凭自己的武装去霸占他人领土、掠夺他人财产的历史，有的只是因别人来侵略来掠夺而奋起的反抗和防卫。大航海时代，荷兰人来犯，被郑芝龙、郑成功父子打得落败而归。鸦片战争以后，闽南人与英国人、法国人、日本人都交过手，挨打的情况多，但依然不屈不挠，英雄辈出，书写了闽南海洋文化壮丽的一页。

10. 海盗文化

有海就有盗。闽南海盗的历史也非常久远，早在唐代、五代的时候，商船出航都要结伴而行以避海盗。推动闽南海盗横行的，是明朝的海禁，大多数的海商不得不成为海盗，结成海上贸易武装集团。明朝的"倭寇"，实际上很多是闽南人为了获取贸易的货源伪装的强盗行为。后来开海，朝廷又采取以盗治盗的策略，贻害无穷。闽南的海盗时起时伏、绵延不断，直到1949年新中国成立才算结束了闽南海盗的历史。

不过闽南的海盗对台湾的开发，对南洋的早期开发，却也是有贡献的。他们也形成了自己一整套独特的习俗和行为规范。无论是正面还是负面的历史经验，都值得我们研究。

11. 水客蛇头

这是一个非常独特的群体，历史非常悠久。他们往来于闽南和台湾、闽南和南洋，为人们传递信息，传送物品、金钱，最后形成了侨批行业。但这只是他们业务的一小部分。他们还走私物品，协助偷渡，贩卖人口。他们也形成了自己一整套的规矩，甚至行话。除了后来的侨批引起关注，水客、蛇头的文化却很少被人们所关注。

当然，研究闽南海洋历史文化，除了上述从人员、行业分类来展开研究，也可以按照西方分科治学的办法，把闽南海洋历史文化切割成民俗、宗教、技艺、艺术、口传文学、海洋科技等等。从历史学角度还可以分为航海史、贸易史、渔业史、海防史、海难史等等。

还有另外一种研究办法。即六个问题的研究法：

在哪里？——闽南海洋文化的区域范围。

哪里来？——闽南海洋文化的历史。

有什么？——闽南海洋文化的内涵。

是什么？——闽南海洋文化的核心精神。

怎么样？——闽南海洋文化的现状。

哪里去？——闽南海洋文化的未来走向。

这是将闽南海洋文化视为一个整体，一个生命体，来展开全面的、长时段的、动态性的系统研究。

这几种不同的分类和研究方法，并无高下之分，只是观察事物的角度和方法的不同。

鉴于我们的队伍、经费和我们所据有的资料的局限，我们选择第一和第二种方法的结合，从五个专题切入，编写六本小册子：《走向海洋——从刺桐港到月港》（作者蔡少谦、黄锡源），《思明与海》（作者陈耕），《讨海人——玉沙坡涛声》（作者陈复授），《东南屏障——从中左所到英雄城市》（作者韩栽茂），《飞越海峡的歌》（作者符坤龙），《闽南人下南洋》（作者蔡亚约）。

今后若有可能，则还想继续组织研究闽南海商、闽南行船人、闽南造船人、闽南路头工、闽南海盗等方面的课题。

当然就我个人而言，更期待能够有机会、有支持，来展开对闽南海洋文化整体的系统的研究。

中国的海洋文化已经有许多先哲和同仁开展了出色的研究，我们是后来者。由于视野和资料的局限，仅仅关注于闽南、厦门海洋历史文化的探索。期待方家和读者的指教。

以上的主要观点，我在 2019 年 12 月 14 日厦门市文化和旅游局主办的"人与海洋"学术研讨会发表过，做了些修改，权作本丛书的序。

陈耕

（厦门市闽南文化研究会原会长）

2019 年 12 月 16 日

目 录

第一章　讨海人的独特习俗

　　早期的疍民，由于社会地位的低贱与生活环境的恶劣，他们的生活方式极为简朴，追求的仅仅是最起码的生活权利。长期漂泊无定的水处舟居，也没有心情与条件去奢求岁时节令的欢乐或各种庆贺活动。正如对疍民处境较有了解的宋代泉州太守蔡襄所言："福唐水居船，举家栖于一舟，寒暑食饮，疾病婚姻，未始去是。微哉其为生也！然观其趣，往来就水取直以自给，朝暮饭蔬一半，不知鼎饪烹调之味也；温衣葛服，不知锦纨粲粲之美也；妇姑荆簪，不知涂脂粉黛之饰也；蓬雨席风，不知大宇曲房之适也。"（见《蔡襄全集》之《杂说》篇。）由此可见，当时的疍民，是一个游离于社会、被边缘化的特殊群体，还不足以形成一种相对稳定的风俗习性。

　　从明末清初陆续来到厦门岛上的疍民，也只有到相对集中于厦港玉沙坡之后，多元复合的疍民群体，才有条件在一个特定的环境中互相交融与磨合。特别是渔港初步形成后，社会较为稳定，生活较为安定，生产逐步发展，渔家疍户的生活与生存方式也发生了较大的变化，从最初阶段的以满足基本的生理需要为目的，转变到以追求生存与发展为目标，包含了自尊、自我需求、群体需求等较高层次的自觉意识的行为，其表现形态力求多样化，涉及的内容与范围日益广泛，对各种民俗事象的理解逐渐丰富，最终约定俗成一种群体性的又有独特风格的社会生活与礼仪习俗。

第一节　标志性的头饰与服装

　　从江河走向海洋，长期在艰辛岁月里历经磨炼，渔家疍民被赋予了闯荡海洋的宽阔胸怀和乐天豁达的豪爽性格，他们依靠自己的不懈抗争与努力，取得衣食住行等基本生活条件的逐步改善，其中许多富有创意的独特习俗，不仅给平淡的生活增添了闪光点，还成为一种独具文化魅力的疍家风采。

一、头饰

　　头饰是最能引人注目的装饰，20 世纪 60 年代中期之前，头饰还是厦门港讨海人的一种标志。在厦门本地，人们主要以头饰区分"讨海人"与"山顶人"（指陆上居民）；到了外地，人们看到这种别具一格的头饰，就知道是厦门港的讨海人来了。

渔家女头饰（王荣源摄）

　　据称，明代以前，闽南人通行男女皆留长发，成年男子头顶束成总发，女性未成年的留长辫子，结婚后梳成发髻。渔家疍民集结于厦港玉沙坡后，他们的头饰开始有了变化。清朝硬行百姓辫发，疍民也不例外，为了方便海上生产操作，他们出海时都将辫子盘缠在头上，成年男子嫌长辫子麻烦，夏季炎热更是难受，于是有意将辫子越留越短，大多只盘一圈，后脑只留一截小尾巴，扎着红绳线，俗称"燕仔尾"。有的还用自织的薄纱网帽罩着，这种头饰既简朴又实用，成为疍家男子流行一时的头饰。而与之相反的是，疍家姑娘却认为辫子越长越好看，又感到辫子虽长但色彩过于单调，就接上一种叫作"红碰纱"的绒线环盘起来，由于环绕的方式与船上厨房露出的烟筒上面的圆箍有些类似，因此俗称为"烟

"烟筒箍"（陈葆谦摄）

筒箍"。这么一来，疍家姑娘在海上活动时，从远处看就好像在蓝天碧海中开出一朵朵艳丽的红花，令人见了十分赏心悦目，这不能不说是她们对美的一种追求与创意。疍家姑娘成亲后，就得剪掉长辫，在后脑梳一个螺形的大发髻，但样式有别于陆上妇女，称为"讨海体式"。

厦门港讨海人头饰的这种流变，只在本港推行，不向外地推广，长达一百余年，可称独树一帜。因而在 1956 年的渔业合作化高潮和 1959 年庆祝新中国成立十周年的几次大游行中，两千余名渔家疍户从船上走向街市，他们所穿的服饰分外耀眼，两辆大板车装载着厦门大钓艚船模，百名疍家儿童装扮成鱼虾水族，加上疍家姑娘的载歌载舞，队伍走遍中山路等闹市中心，这个由疍民组成的方阵被评为最有创意、最受市民欢迎的游行方阵。直到"文化大革命"前夕的"破四旧、立四新"，渔家疍民这种独

特风格的头饰被当作"四旧"破除。富有历史文化底蕴的厦港疍家姑娘的头饰与装饰具有顽强的生命力，如今依旧呈现在许多戏剧、歌舞以及民俗阵头表演节目中，已成为舞台上一种独特的艺术形象。

二、 服饰

1953年初，厦门大学人类博物馆落成并正式开办展览，有一组"疍民服饰"展台风格独特、引人注目，其介绍文字摘录如下："疍民被称为'水上人家'，散居在闽、粤、桂、琼等地河口海滨，生产和生活方式比较特殊……这里展出的疍民服饰是20世纪50年代从厦门港渔民中采集的。"展品计有11件，为长巾风帽、帽窝子、大陀上衣、女式绣衣、背心、夹袄、肚兜、被面、普通笼裤、镶花边笼裤、桨子鞋等。几乎包涵了疍民从头到脚的主要服饰。据悉，这是当时厦门大学的林惠祥教授带队深入厦港渔区做社会调查时，从疍民家中挖掘抢救出来的珍贵文物。经考证，这些展品大部分是厦门港讨海人清朝中叶时期的服饰，而其中的绣衣与镶花边笼裤是清末民初才出现的。这种类型的服饰，在"文化大革命"前夕，被当作"破四旧"的对象，已经基本上消失了。

渔家男女青年（阮老古供图）

2007年初，在组织编写《厦门疍民习俗》非物质文化遗产名

疍民世家三代人（张青山摄）

录项目申报文本过程中，工作人员在疍民世家阮亚婴的家中，看到了一批尘封了近百年的疍民服饰：有一套暗蓝色的印度暗花纹绸缎女式服装，一件天蓝色布料的女式上衣，一个红绸缎头盖，四根镀金的红珊瑚头钗，一个镀金的手镯，一套灰色男式对襟汉装以及一套疍家姑娘的"红碰纱"头饰等。当时尚健在的阮亚婴母亲张好腰已有95岁高龄，当她打开多层包封的服饰，介绍说这是她20岁成亲时的全部家当时，脸上洋溢着幸福的笑容。那段时间阮亚婴家里存有疍家服装的消息不胫而走，本市、省级的电视台，甚至中央电视台等多家新闻媒体接踵而来，阮亚婴和他母亲、姐姐以及儿媳妇都成了服装模特，自此，厦港疍民世家、疍民服饰、疍女下海的影像与图片接连上了报刊、电视，而后又在厦门"非遗"图片展和厦门博物馆的"闽台民俗展"中亮相，引起了良好的反响与好评。

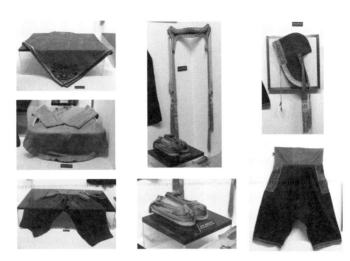

独具特色的疍民服饰（张青山摄）

以上所述的服饰大都属于疍民节庆、婚庆时所穿，也可以说是在疍民的生存状态有了较大改善以后，一部分讨海人才有条件置办这些家当。正如张好腰所言，她的那套印度进口暗花纹绸缎嫁衣及头饰，共花费 16 块大洋，只穿了三天就收藏起来了。实际上，厦港渔家疍户的服装是随着时代潮流逐步演变的。早期来厦疍民与本地的"土著"均为"服饰简单，错臂左衽，形象朴拙"。当初疍民劳作时所穿的服装，就是大同小异的笠帽蓑衣，这种服饰在江边海岸还能勉强应付，走向海洋后就需要变革，因而有了从漳州地区来的疍民所穿的麻袋布衫，从泉州地区来的疍民所穿的帆布桍衫，两者都有宽大的特点，穿着大袖口、大裤腿的服装，便于在海上生产操作时上抬下蹲，这种适合日常劳作所穿的服装，伴随着讨海人朝出暮归，度过了一段漫长的岁月。而在这个时期，一般的疍家孩子，自幼在船上都没穿衣服，即使在寒冬腊月，最多也就围一条肚兜，腰间绑着一条称为"狗尾仔"的护命绳，系在桅杆上。男孩有的长到十来岁，还光着屁股到处跑。

厦门港讨海人的服装中，最有创意又最具特色的应该是"油衫裤"。这是他们进一步改良的劳作服装，也就是后来通称的工作服。从1850年厦港钓业兴起，到20世纪60年代初结束木帆船时代，这种"油衫裤"足足风行了一个世纪。而这种厦港渔家疍户独有的出海服装，却是

讨海人工作服——防水迪仔皮衣、棕衣
（陈葆谦摄）

漳州与泉州两地来厦疍民在生产劳动中共同创造的一种智慧的结晶。原先，漳州九龙江流域来厦疍民大多穿着麻袋布衫，为了减少海水的腐蚀，他们在麻袋布衫上涂上桐油，但因布质粗糙，耐腐性差，使用周期不长。而泉州惠安东部来厦疍民穿的是帆布栲衫，当时厦港的风帆制作与染汁作坊大多为惠安人所经营，他们的帆布栲衫也就顺便进行染汁加工，称为"红柴汁衫"。这样虽然增强了耐腐蚀性能，但仍无法遮挡海上的大风大浪。当厦港的钓业兴起，渔家疍户的钓艚越造越大，闯荡大海越走越远，船上人员的组合变成了"五方杂处，多源同化"，不同的穿着也在交汇磨合，取长补短。先是有人用红柴汁衫擦上桐油，感到效果还不错，又有人用麻袋布衫先染汁再盖油，也能延长使用周期，还有人用一种龙头细布先染汁再涂油，制成防风遮雨的"龙头帽"，轻便又实用。于是，富有创新精神的讨海人，在实践中综合各种服装的优缺点，扬长避短，不断改良，终于形成一种群体性的出海服装——"油衫裤"。其采用龙头细布，按各人的身材量体裁剪，制作头帽、上衣、下裤整套服装。先经反复浸染，染汁的原料一般有荔枝树、薯莨根皮、海墘红加椗（一种红树植物的俗

称）等富含丹宁的植物，后擦上两遍桐油，再涂上一遍面光油。这种精心制作的出海劳作服装穿戴起来舒适得体，能经受风雨和海浪的侵袭，经久耐用，并且独具地方特色，成为厦港讨海人一种标志性的服饰。直到 20 世纪 50 年代

郑成功文化节的讨海人服装秀方阵

（原渔民小学供图）

中期，才被更为先进而简便的人造革和塑料服装所取代。

第二节　花草为媒的婚俗演变

厦门港讨海人婚俗的产生与嬗变，经历了上岸定居前后两个阶段，基本上也可以划分为海陆通婚前后两个历史时期。传统的婚俗"六礼"，即纳采、问名、纳吉、纳征、请期、亲迎等仪式，在这里有一个从无到有、删繁就简的过程，而有些疍家独特的婚俗，在厦门民俗中留下了难以磨灭的历史印记。从中可以看出，社会变革与生存环境，在很大程度上支配着疍民婚姻习俗的行为准则。

从早期的疍家小船漂泊到渔港形成初期的相对稳定，一纸不准海陆通婚连同不准上岸定居的禁令，犹如一道封锁线，把渔家疍民禁锢在海上舟船之中，疍家青年男女只能在族群之内结识互动谈婚说嫁。当时的水上结亲"三部曲"独具特色且带有浪漫色彩。婚前的相亲，一般不必专请媒人，重点看准疍船篷顶上的标志，有女待字闺中，放着时花一盆，有男长成，放上青草一丛，

男女双方及其家长如早已有意结缘，两艘苫船靠拢，互相交换了花草，就算大功告成；如双方互相了解不深，男方苫船应主动靠上女方苫船，双方家长开门见山、男女青年直奔主题，如有共同意愿即可商定再会之期，如无缘分即此分道而行。就凭着天地自然信物，以花草为媒商定终身大事，可称得上是苫民婚俗中的一大创意。婚娶之际，一般男方都会新造一艘苫船，如果手头实在拮据的，也要将旧船翻新，装扮一新的迎亲喜船与女方苫船紧紧相连，新郎将新娘迎接过船，此时，周围双方亲友的苫船纷纷燃放鞭炮，以示庆贺。条件许可的，男方还会请个"草台班"，就近在岸边搭台唱戏，或置备喜酒宴请宾客，闹腾个通宵达旦。翌日凌晨，迎亲喜船变成一艘新的厾某（夫妻）船，一对小夫妻就此告别双亲，摇船出港去过独立生活了。

在钓业兴起后的钓艚时代，渔家苫户大多已到岸上定居，虽然有的还住在船厝渔寮，但婚娶礼仪已从水上转移陆上，迎亲已由乘船改为坐轿。在此期间，苫家约定俗成一种独特的习俗，即新娘出嫁坐的是黑轿，而且夜间过门，与陆上人家坐红轿早晨出嫁刚好相反。此种婚俗被称为"以黑克红"，寓意苫家姑娘从此晦气变福气，歹命会变好命。如不遵守就视为败坏苫家的门风。民俗专家经过研究剖析认为，苫家历来崇尚红色，视红色为吉利的象征，凡是喜庆之事，布置均用红布红纸。婚礼中轿子的颜色颠倒，这是因为渔家苫民长期备

讨海人的结婚证（厦港海洋文化展示厅供图）

受歧视所产生的逆反心理，他们以结婚礼仪的变异行为，对社会的不公进行抗争。直到后来海陆联婚越来越多，逐渐融合为一体化的婚俗，这种习俗才渐渐消失。

厦门港讨海人婚俗的变化，说明了群体性的婚俗必然受到社会的制约和影响，随着社会的变革而演化。由于疍民生活与活动范围的局限，加上社会上对疍民印象不佳，造成许多婚姻的畸形。当时疍家青年只能在族群中进行婚嫁，特别是张、阮、欧三大姓氏之间亲上加亲的增多，产生了早婚、同姓婚（有的沾亲带故）、表亲婚、入赘婚甚至冥婚等非正常现象，不仅影响了疍民的身心健康，而且妨碍了疍民族群的进化。很长一段时间，疍家青年男女都是婚姻的"困难户"，由于本港青年男多女少，许多疍家男孩长大成人后，只好到厦门周边地区的渔区农村找对象，因而"过水新娘"也不少。而疍家女孩也有难处，有的疍家姑娘在本港已有意中人，家长却硬要包办婚姻，逼迫她嫁给陆上的"乘龙快婿"；疍女生肖属虎的，只有属龙的才敢迎娶；疍家寡妇再婚，不能穿新嫁衣，不得坐轿，只好自己偷偷摸摸到男方家。只有到了新社会，讨海人才逐步形成新式文明的婚俗风尚。有关部门曾经还出台了对渔家疍户特殊照顾的婚姻政策，本地的陆上姑娘嫁给船上的疍家青年的，可以不必上山下乡，外地海岛农村的姑娘嫁过来后还可以申请户口来厦入籍。

第三节　就地取材的海味药俗

海味药俗在沿海渔区民间方术中独具特色，这种由祖辈传袭与民间实践相结合产生的海洋药物，在缺医少药的年代，获得广泛的应用，很有实用价值。由于讨海人与海洋生物长期接触，通过实践的检验，深知各种海味在食药两用中的属性与疗效，不断积累经验，并相沿成习。海洋生物品种繁多，资源丰富，其中不乏可就地取材、成本低廉、采集加工便利的良药，还可开发成多种功效的药膳菜谱。

海马药膳（陈葆谦摄）

　　鱼类方面，本港出产的大宗海鱼大多兼备食药两用的价值。如常食带鱼有养肝利血的作用，还能防治胃病、淋巴炎症等疾病；黄花鱼的鳔、胆、卵及鱼脑耳石均可入药，还是产妇坐月子的滋补佳品；海鳗有"鳗头治头风，鳗尾四两参"的说法，寒冬季节，一碗"冬归鳗"下肚浑身冒热气；海龙与海马也属鱼类，有"海中人参"之称，干品更是名贵药材；还有一种"鱼肚鱼"，指的是大鱼腹内尚未消化的小鱼，有经验的渔家疍民发现后，常把带鳞的小鱼取出，经晒干研粉，治理胃气痛或反胃等症效果良好。

　　头足类软体动物方面，被戏称为海中"软氏三兄弟"的鱿鱼、墨鱼、章鱼等，不仅食用起来风味独特，而且营养丰富，干品尤佳。特别是墨鱼，其血、卵、墨囊、骨（称海螵蛸），几乎所有部位均可药用，古医书《素问》《本草纲目》等均有详细记载。

海螵蛸（陈葆谦摄）

墨鱼干（陈葆谦摄）　　　　　　　金乌贼（陈葆谦摄）

虾蟹节股动物与贝类方面，因其富含钙、磷等矿物质，尤其适合老弱妇幼食用。其壳研制成干粉，调配青草药及黄酒，可治无名肿毒、皮肤溃烂、风湿骨伤等病症。有一种寄生在贝壳内的小蟹，焙干研末，调酒饮服，可治腹痛血淤，调醋外敷，可治淋巴炎肿及跌打损伤。因而渔家谣谚中夸称"一蟹入药解百病"。

在海藻方面，本港常见的紫菜、石花、浒苔、江蓠、鹧鸪菜，早期大多为自然生长，采摘方便，不费钱财，既可充当食物，又能治疗一些日常病痛，如脖子肿胀、咽喉炎症、小儿蛔虫等，对症下药，立见功效。

长期以来，海味药俗的传承应用，在社会上产生了一定的影响。20世纪50年代以后，海味药俗逐渐从民间方术的巫医套路中脱离出来，特别是改革开放以来，卫生部门加大医药与海洋科学的结合，充

星鲨鱼肝油系列产品

分发展海味药俗的研制创新，使海洋药物宝库的科学开发利用呈现出美好的前景。

第四节　岁时节俗的三次庆典

　　厦门港讨海人的岁时节俗有一个从无到有、从少到多、从简到繁的演变过程，有三个鲜明特色：一是与海上生产生活息息相关，二是与民间信俗信仰紧密联系，三是这种世俗性的欢乐喜庆场面，让渔家疍户享受到短暂的劳逸结合，增添了人生的乐趣。其中俗称"歇正""开渔""谢海"的节庆活动，就是一年岁时节庆之中最具热闹纷呈的特色景观。

一、歇正

　　"歇正"指的是渔家疍户在农历正月里休整歇息的岁时习俗与活动，实际上是从除夕至正月初九"天公生"这 10 天左右的时间，船入港，人上岸，渔港笼罩着岁时的喜庆氛围。因为早时据说正月初一至初九，如果渔船出海捕鱼，不但天上的玉皇大帝不高兴，也会得罪海里的龙王爷，因而歇正的首要工作是祭拜。祭拜的范围十分广泛，船主（老舻）至少要到各寺庙殿堂祭拜天公、龙王、妈祖、关帝、观音菩萨、大道公、水仙公、土地公、

迎神赛会（张青山摄）

城隍爷、财神爷、钓鲼王、钩钓王等一应神明，职务船员有的陪同船主"举香跟拜"，而一般渔工伙计更多的是参与迎神赛会活动，顺便逛庙会看社戏，一年到头，就这么几天能够吃喝玩乐，不亦乐乎！

庙会社戏（张青山摄）

其实，也就 10 天左右的时间，安排十分紧凑，备汛工作有条不紊地穿插进行。春汛钓带是一年的黄金季节，马虎不得，必须秣马厉兵，渔船渔具的保养、维修、添置、整理，一样都不可少，有时还得集中力量，雷厉风行地推进。全船总动员的主要工作有两项：一种叫"燂船"，俗称"担船"，是维护船体不受粘腐损坏的重要措施，这道工序需要齐心协力、一气呵成。先是利用潮水让渔船倾斜搁浅在沙滩上，铲除清理船底与船壳外围的螺贝类，清洗干净后，立即点燃挖坑堆放的茅柴稻草，让船体接受烈火的熏烤，然后趁热打铁按照原来的颜色涂上油漆，使其焕然一新。另一种叫"绞竹排"，也有称"架鱼排"的。当时竹排是下水生产直接操作的子船（后改舢板），每年春汛前夕，都要按照钓鲼的装载数重新编排，还可利用的凑成旧排，适当添置部分新排，新排要增加选竹与削皮两道工序，一般都由经验较丰富的渔

竹排（张青山摄）

工以老带新，绞好的竹排使用起来才会得心应手。由此可见，在整个"歇正"过程中，安排是十分科学的，祭拜与游乐活动，是精神层面的，可以适当放松心情减轻压力，而落实备汛工作才是真正的目的，关系到一年大计，涉及渔家疍户的生产与生活秩序。

二、 开渔

"开渔"原指开春第一航渔船出海开始捕捞生产举行的仪式，也有人称为"开海门"或"头出海"。后来，在"休渔"过后或转场生产以及开展远洋跨国渔业时，也会举办类似的首航典礼。"开渔"的时日仍然要问神明占卜请示，择定具体佳期，如果选定的日子刮起大风，渔船无法出海，则需将渔船移动泊位，或是象征性地在港口兜圈折回，表示渔船已经应日应时出动，这种程式俗称"徙碇孔"。早时，负责"开渔"礼仪诸事均由港中"王爷会"（又称"佛祖会"）的头人们操持，除了宣布出海时日，还要决定渔船启航的次序，同时分派内海定置网海区网位（一般采用"抽阄"的办法），驶出外海的大型钓艚则由老舣自行寻找渔场与周转渔港。港内寺庙中有一尊"金王爷",称为"海口官",各船老舦在开航前都要到此祈求盖有金王爷印鉴的神符,因为各地的海口官多有联络,有此神符即可在闽海、台澎、港澳、浙东、粤东等地沿海港口通行无阻了。

"开渔"是渔港的盛大节日,届时港口桅樯林立,岸上人山人海,男女老少聚集海边,备三牲、带香烛、烧金纸、放鞭炮,祝愿出海渔船顺风顺水、大发利市。当岸上祀典完成,"头帮船"或"领头船"吹起一短二长的启航螺号,象征着海门已开,船队鱼贯而出,锦帆高挂,浩浩荡荡奔向大海,蔚为壮观!有歌谣为证:"一声螺号海门开,千帆竞发列成排,渔歌号子连天响,归渔金银满船载。""开渔"时船队的排列也有讲究,启航第一船是港中推选的捕鱼魁首,称为"海状元",头帮船也是大家公认名列前茅的"五虎将"或"四大金刚"。与其他渔港有的讳忌"头只船"而采用神定或抽签的习俗不同,厦港讨海人认为能成为"开渔状元船",是一种莫大的荣耀与幸事,只有争得年度的名牌才有资格竞争翌年"开渔"的领头,如若生产业绩差劲,就要灰溜溜地排在最后作"续尾船",因而各船都有一种"输人不输阵"的心理,十分用心用力。

三、 谢海

"谢海"是鱼汛结束时举行的酬谢活动。各地的节俗时令不尽相同,厦港渔区一般选在夏秋之交的转汛间隙进行,因为这一时段刚好是歇海淡季,讨海人正在根据本船的实际情况,在留港、转外等以及参与"台运"等多种去向中选择较为适合的一项。由于汛尾结账分红后,大家手头多少有点结余,大部分渔船的劳力安排也已经落实,为节俗创造了一个相对宽松愉快的氛围,几个主要作业的联谊团体和大字姓的宗亲组织轮流做东,集中前后三天,这里办谢海宴,那边演谢海戏。遇上好年景好收成,还会请来各种阵头杂耍助兴,武术切磋表演,以及人们喜闻乐见的竞技游乐，如扒船、拔索、爬杆等，有家族性的欢聚一堂，更有群体性的欢庆场景，连各种名点小吃摊也乘机大办美食节凑热闹。因此，有人把"谢海"活动称之为渔港盛大的狂欢节！

阵头表演（一）（张青山摄）

阵头表演（二）（张青山摄）

"谢海"节俗主要内容有谢众神、送福礼、补船运等。酬谢神明的仪式气势十分浩大，整个渔港喧腾起来，举办地点在厦港最大的民众广场南大埕，港中较大的渔船数百艘，基本上一船一桌，均有标记。如果开春有向神明许愿的，都得奉上祭祀的供品。各大小寺庙的信众，先后抬着众神扶辇而出，称为巡街科仪，所到之处，万人空巷，营造出一种天人合一、人神同乐的热闹景象！送福礼多由取得年度旺产丰收的渔船独家或联名举办。中午举行庆功宴时，特邀的嘉宾贵客都能获得一份福礼，而本船职务船员及渔工伙计则分到大小不一的红包。晚上的酬谢戏，渔家疍户往往扶老携幼、倾家出动，有的连本戏一直唱到通宵达旦。补船运分海陆两个部分，陆上在船主家中或宫庙举行，海上在渔船中摆供，供奉物品分三桌：一桌净茶素点，一桌三牲大礼，一桌寿诞蛋面（后制成面龟）。全船人员齐聚，为渔船补运祝寿，同时祈求海洋平静，船安人健，渔获丰盈。整个"谢海"节庆期间，港中为避免血腥暴力事件发生，家中不准吵架打闹。一个群体性的岁时节俗，充溢着欢乐、吉祥、和谐以及对美好未来的企盼与愿景，这就是渔家疍户独特习俗的魅力所在。

祭祀敬神场景（张青山摄）

第五节　海洋信仰的三大祭祀

民间信仰信俗的祀典活动名目繁多，除了节庆仪式中的许愿还愿酬神谢海，还形成一些浸染着海洋色彩的崇祀习俗。厦门港讨海人具有代表性的祭祀活动就有"妈祖巡港""送王船""水普海醮"等。这些祭祀活动各具特色，被称为是人与大海以及神灵之间的沟通与互动，是讨海人精神文化层面的飨宴。

一、　妈祖巡港

"原本江海女儿身，得道升天庇众生。渔家疍户颂妈祖，世代尊崇守护神。"厦港是渔家疍户的聚集区，也是厦门岛上民间宗教信仰信俗的一个传习中心。厦门港讨海人在从江河走向海洋的不断开拓发展中，与外界的交流交往日益频繁，开阔了民间信仰信俗的眼界，守护神明由字姓神、船仔神、行业神向公众保护神扩张，更高层次的主体神祇应运而生。而在渔家疍户心目中威望最高的守护神，首推江海女神——妈祖。

妈祖，作为江海女神的典范，她"圣洁、善良、公平、正直"的形象，被誉为海神体系中最富有同情心与人情味的世俗神，特别是她的平民出身及其神技，以及与渔家疍户间的心灵感应。妈祖出身疍家女的传说，更使渔家疍民倍感亲切。清代著名史学家全祖望认定，东南沿海地区的妈祖崇拜，最早是出自"鲛人疍户"。众多妈祖信仰研究者认为，妈祖从人格到神格的升华，是在海湾渔村形成的，史籍资料中妈祖出身"龙女""龙种"的提法，均为疍民早期的称谓。因而人们推断妈祖就是渔家疍民在造神运动中尊崇的人格之神。

在厦港疍民群体中，祖辈相传，对妈祖"爱敬如母"，妈祖就好比"安嬷"一样慈祥亲近。岸上建神庙，船上有神龛，家里有神像，妈祖神恩深入人心。早期小疍船上的"船仔妈"，刻画着"定风稳流，护佑安详"等祝词；到了钓艚时代，妈祖的神龛安置在船老舱睡舱的"红格顶"，供奉的"妈祖组合"（妈祖及其收服的千里眼与顺风耳），刻画的内容更为丰富，有"泽被苍生，安澜利济，功敷海洵，救难解困"等。长期以来，民间还流传着这么一个故事：渔家疍民在海上遇险时，长辈焚香跪拜妈祖，小辈们直呼妈祖婆，往往有红灯或神鸟出现，有的人竟称在冥冥中见到民女装束的妈祖降临，施展神技帮助他们解危脱险。

妈祖巡港绕境（张青山摄）

作为妈祖信仰的一个中心地带，厦港拥有福海宫、寿山宫两座主祀妈祖的标杆宫庙，还有朝宗宫这样获得乾隆皇帝御赐匾额"恬澜贻贶"和珐琅"五供八宝"等皇室圣品的宫庙。甚至在厦门港外的浯屿岛（现属龙海市）以及大担岛（现属金门县）还有联谊的天妃宫庙。过去每逢农历三月二十三日妈祖诞辰，都会举办妈祖巡港活动，迎神赛会，船队浩浩荡荡，妈祖率水仙系列众神环绕厦门港口一周，而后还在岸上进行"过街科仪，绕境巡港"。厦港福海宫妈祖祀典的盛况，曾有诗歌记叙"香火腾腾福海前，心旌翻卷裂长天，神人原有灵犀份，盛典绵绵岁复年"。

浯屿岛的天妃宫（吴瑜琨摄）

二、 送王船

2010 年，"送王船"习俗已列入国家级的非物质文化遗产名录。在"厦门疍民习俗"这个省、市级非遗名录中，也包含有"送王船"的内容，其作为民间信仰信俗的一个主要祭祀活动，保留着浓郁的原生态形式。与闽南沿海及厦门各区举行的同类活

海峡两岸"送王船"庆典盛况（张青山摄）

动比较，厦港"送王船"在形成历史与活动规模上并非最早最大，但它特有的一条贯穿台湾海峡两岸民情风俗的交流融合与互相推进的主线，发挥着联系台湾同胞以及海外华侨华人的桥梁纽带作用。

厦港送王船场景（张青山摄）

追溯闽台"送王船"的王爷信仰习俗，多为民间流传或稗官野史的记述。但通过梳理，"送王"线路是从闽南到台湾，又从台湾返回闽南的双向交流，这一点是较为一致的共识。在这种一脉相承的传送过程中，发生了信灵性质与功能的演变，即王爷从鬼神（瘟神）转化为正神（保护神），祭祀的目的从安慰鬼魂与人为善转化为代天巡视平安祈福。而厦门港讨海人由于与台湾交往密切，无疑是这种转化的重要推手。厦港龙珠殿"送王船"打着"池府千岁，代天巡狩"的旗号，王爷固定一姓，王爷神祇由厦港的钓艚王、钩钓王替代。从中不难看出十分隐喻而巧妙地糅合了郑成功信仰的因素。1995 年，停顿三十余年之久的"送王船"习俗重新恢复后，五年两闰的"王船祭"越办越出色，已经成为海峡两岸渔家共同联办的民俗庆典。厦门籍的台胞阮过水先生，他在台湾长期从事基隆港的民间宗教活动，担任基隆八尺子渔港"厦门龙珠殿"的主持。1987年底台胞可以回祖国大陆寻亲访祖后，他就和原籍厦门的在台乡亲，并积极联络从厦门港走出的港胞与侨胞，于1990年返回厦门，致力于厦港龙珠殿的重建工作，1995年开始复办"送王船"庆典，由厦门与基隆的"龙珠殿"联合举办。每次阮过水先生都带来台北、基隆、台中、台南、宜兰等地的乡亲和信众一起参与活动，许多工作不仅自己亲力亲为，而且几乎是全家总动员。

由于厦港龙珠殿重建和"送王船"习俗重振雄风之时，正处于全国开展非物质文化遗产的前期调查摸底阶段，因而引起普遍的重视，本市各家新闻媒体以及省级、国家级的多家新闻单位，都

厦港龙珠殿"送王船"主祭阮过水（左一）

（张青山摄）

通过报纸、广播、电视作了专题或专版报道，引起社会关注并轰动一时。厦门大学等高校的教授带来他们的研究生，从考古学、人类学、民俗学等多视角深入实地考察，写出一批较有分量的调查实录和论著。每当庆典进行到最精彩的"烧王船"这一天，除了本港渔家疍户，还有大批外来的信众粉丝，甚至还有不少老外，都对这种文化遗产的视觉场面感兴趣，纷纷携带摄影、摄像器材一路跟随"送王船"的表演阵头和游行队伍，从厦港沙坡尾步行到曾厝垵的圣妈宫海边。可见，这种王爷信仰引发的祭祀活

马来西亚马六甲勇全殿文化交流进香团参加龙珠殿"送王船"（一）

（张青山摄）

马来西亚马六甲勇全殿文化交流进香团参加龙珠殿"送王船"（二）

（张青山摄）

动，不仅体现了渔家疍民的怀旧情感与传承力量，在海峡两岸有着广泛深远的影响，而且在现代化的社会还有着不可替代的历史与社会价值。

三、 水普海醮

"水普"，顾名思义指水上的普度，是闽南沿江沿海地区特有的一种祭祀活动。与陆上每年农历七月举行的普度对照，水普的主要对象是水国中的亡魂散鬼，在设定的普度之日，备办丰盛的供品，让水中的亡灵得以丰衣足食，祝愿他们获得超度，早日脱离苦海。

"海醮"，也是闽南沿海流传的一种祭祀活动，一般在发生海难的纪念日举办，其主要行事是敬奉海神水仙谱系的神明，安慰失落海上的孤魂野鬼，以达到禳解灾厄、祈求平安的目的。

厦门港讨海人的水普与海醮祭祀活动，早期是以各种不同姓氏或生产作业方式的群体举办的，内容大同小异，由于主题思想的一致性，进入厦门钓艚时代后，逐步变成全港性的共同活动。在相当长的历史时期，约定俗成每年的农历七月二十六日，在海边沙滩上举行大规模的祭祀活动，内容不仅有水普、海醮，还有一种称为"牵䱷"的仪式，为历年来港中因在本海域或外海域不幸罹难而尸体未回的亲人，举行集体超度招魂祭奠科仪，通过这种建醮祭祀，安灵祈福，创设出一个人、神、鬼沟通互动的平台，彼此得到情感上的慰藉。从中也反映了渔家疍民向往过上和谐安宁幸福生活的愿景。

近年来，厦港龙珠殿还在"七月廿六"祀典举办"海普水灯慈善日"活动，当晚在沙坡尾避风坞内放有许多随着潮水浮动的莲花水灯，祈求国泰民安，靖海安澜。此活动成为厦门港讨海人海洋文化祀典中的又一盛事。

厦港水普海醮（张青山摄）

第六节　行业讳忌的三种表现

俗语说：入乡随俗，下海问禁。讨海人的行业讳忌，大多建立在对自然物、自然力崇拜敬畏的基础之上，通过这种群体性的约束与抑制的崇信力量，依赖从众效应，以期获得各种神灵的恩赐，避免遭受惩治处罚，因此，它比陆上的讳忌严格且更加复杂，有些行规禁忌，简直就是不讲道理的"霸王条例"，产生了许多负面影响。但不可否认的是还有一些讲求伦理道德的行业讳忌，具有独特的社会功能与教化作用，流传至今，仍然能够发挥其积极正面的影响。厦港渔家疍户的行业禁忌主要表现在语言、行为、公德三个方面。

一、语言

厦门港讨海人在海上生产生活中，逐渐形成祈求"得彩头，去衰运"的心理，因而产生一种富有特色的语言习惯，就是尽量避开那些污秽和可能导致不祥的词语，以一船之长的称呼为例，独创性地称为"老舻"或"舻公"。"舻"字，由"舟""代"两字组合而成，凸显出舟船之代表的意思，十分形象具体，这是渔家疍民讳忌习俗中的智慧结晶。一般沿海渔区，鱼行业主都称老板，唯独船主称呼有异，这是因为渔船是由一块块木板作为材料整钉而成，旧时渔谚有"三寸板内是娘房，三寸板外见阎王"，叫老板就恐怕会与"破板""旧板""捞板"联系上，成为不祥之兆。渔家疍民在船上，互相之间喜欢称呼为兄弟，特别是夜间，讳忌直呼其名，因为通常认为海上的夜晚常有邪魔海鬼出没，直接叫名字，也是恐惧会被点名做记号，招来祸患。

在语言的表达方式上，船上的讳忌可以归纳为两种类型：一种是在特定的场合，因害怕祸从口出，遇事只能用暗示、手势结合细声耳语或专用讯号，不宜直言不讳或大呼小叫。如渔船开赴渔场途中，如果有人问起海区方位或到达渔场的时间，老舻总会沉默以对，不作回答，这是因为如果老舻提前暴露方位与到达时间，会让海上值勤巡逻的"龙兵"知悉，打乱了他的计划；渔船到达渔场后，发现了洄游的鱼队或旺发的鱼群，不准欢呼雀跃或直喊鱼名，否则会引起鱼群的惊慌离散；生产中母船与子船的联络主要依靠吹螺号与出旗语，不能直接指挥喊话，以免冒犯了"风伯潮神"而引发风浪。用讨海人的话说，海上生产就是多干活、少说话，"闷声得财利，小心保安宁"。另外一种是十分讲究讲话的"心理安全"，特意避开凶祸或亵渎性质的字眼，归纳总结出平时最讳忌的十个字：即翻、沉、破、死、倒、空、离、散、熄、灭等。因为这些字眼都与渔家疍户的不幸遭遇相牵连，直接影响他们身家性命的安危与生产的丰歉。如果有些话非说不可，就得用比喻、借代、反衬、谐音等手法婉转地表达，这也是渔家疍户的一种智慧。如忌"翻"字，睡觉翻身叫转身；忌"沉"字，盛饭时锅里的米饭沉底叫添底；忌"破"字，修补破网叫"张网"；忌"死"字，发现海上漂流死尸称"浮金"；忌

"倒"字，渔船需要倒桅叫"卸桅"；忌"熄"字，船上灯光熄灭叫"旺火"等等。如果有谁不小心说出不吉利的字句，本人或听到的人马上要从相反的意思去弥补，或以中性字眼"打圆场"，以化解可能引发的冲犯，企求平安吉祥。

二、 行为

厦门港讨海人的日常行为中，有许多不成文的讳忌早已约定俗成。比如，讨海人在船上吃饭，几个人围一桌蹲着吃，没人敢坐着，这是因为一怕"坐吃山空"、二怕"坐风"（刮大风渔船停港），不利出航影响生产。由于养成了蹲着吃东西的习惯，每逢庙会，福海圆山两座宫庙的小吃摊上，围坐在桌子旁吃的多是陆上人家，而蹲在长排矮凳上的，一看就知道是渔家疍民。吃饭也有讲究，盛饭菜不能装得太满，怕渔船摇晃时溢出；吃鱼不能乱翻，小鱼整条用筷子夹到自己碗里吃，大鱼吃完上面的鱼肉，要先把露出的"鱼爽"（鱼骨）夹掉，然后再吃下面的肉，这是顾

讨海人的生产、生活用品（厦港海洋文化展示厅展品　陈葆谦摄）

虑有翻船之虞；饭后不能将碗倒放，有的还习惯把手中的筷子在碗上绕几圈，再放下筷子，表示渔船绕过了暗礁险滩，可以安稳停靠了。这些旧习俗，除了说明当时渔家疍户所处境遇的艰难，同时也反映了他们期望过上没有天灾人祸，能够安居乐业的美好生活。至今，厦港渔船仍保留有一些寓意深刻富含哲理的讳忌习俗，如祖辈传承不准把饭碗丢下海里的禁令，如果有谁不慎在海上打破饭碗，就要自己包好等到返港时上岸处理。船上每逢有新学徒、新伙计下海捕鱼，老一辈总要言传身教，其中就包括教育他们要热爱从事的职业，爱惜自己的饭碗，告诫他们吃饭时不要随意跑动开玩笑，以免把饭碗掉进海里。万一有人不慎掉了饭碗，就会受到全船员工的责备，轻者罚他下水捞起饭碗，重者降分红甚至开除船籍。从某种角度理解，这是渔家疍民一种自尊的体现，他们热爱自己从事的海上捕鱼工作，如果随便让饭碗掉进海里，不仅被视为破坏船上生产生活秩序，甚至意味着亵渎了渔家疍民以及他们所从事的职业。

三、公德

渔家疍民还有一种在海上见义勇为的传统美德，就是在海上发现漂流的尸体，或是在渔网里、大鱼腹中看到人体的残骸，都不能视而不见，必须当作一种无声的命令，想方设法将其带回渔港妥善处理。厦港的"田头妈"、曾厝垵的"圣妈宫"，就是处理这种事情的小宫庙。这说明了渔家疍民讲义气、重情义，同时，还体现了渔家疍民对遇难者的哀思悼念，视海上不幸罹难者为"好兄弟""金元宝"。长期以来，遇到这种事大家都非常自觉，任何人不得违反，否则就会被认为缺乏起码的公共道德。

在具体操作中，有一些讳忌习俗要作为应急措施及时跟上。海上发现尸体尸骸后，首先要取干净的布遮盖船头和龙目，并在桅杆上悬挂一件棕衣作为标记，提醒其他渔船注意。其次在包裹尸体尸骸时，不准说"臭""烂"等字眼，更严禁吐口水。尸体

田头妈宫（陈葆谦摄）

漂客合茔

一般用布和草席包好，放在小舢板上，由大船拖带回港。尸骸碎骨用专门的瓮罐装盛，置放于船后较为平稳的甲板上，如发现有其他遗留物品，也要妥善保管。再次是渔船返港后不能直接停泊或进入避风坞，必须在港湾偏僻角落搭起帐篷，马上举行祭祀仪式，然后上报主管单位及相关部门，会同处理。这种善举船上老舵都会亲力亲为，船上员工无条件服从指挥调度，整个过程做到有头有尾，功德完满。最后，应该指出的是，由于祖上承袭着"救死不救生"的陋俗，厦港渔家疍户在海上发现落海者，如果是本港的人一律救援，如果是陌生人，死尸按上述常规处理，尚在海上沉浮挣扎者，以前不敢去救，讳忌会受到"海鬼掠交替"，造成自己陷入险境。后来虽然有所改进，但根深蒂固的思想障碍仍未完全消除，偶尔还会发生个别渔船逃离现场的情况，受到人们的谴责。

第二章　讨海人的行家里手

在长期的渔业生产发展过程中，厦门港讨海人凭着丰富的实践经验，又善于吸收兄弟渔区的先进渔法，敢于标新立异，形成自己独特的生产习俗，这是他们智慧与辛勤劳动的结晶。如"桶箍围钓白""攫鱿鱼""放大鲨""翻吧浪""草席诱捕乌鲳鱼"等。这些渔法立意奇特但通俗易懂，便于掌握且十分实用，在闽南渔场等地风行一百余年，流播广泛，影响深远。

在从江河走向海洋的过程中，广大渔家疍户摸索积累了许多行之有效的生产经验，涌现出一批能工巧匠、行家里手，形成一套适应和促进生产力发展的行业习俗。其中最突出的有厦门钓艚渔业、灯光诱捕围网、远洋捕钓金枪鱼法等，在国内外海洋捕捞同类型作业中均名列前茅，使厦港渔区的名港、名船、名舤、名产也随之声名远播！

对于一船之主或一船之长，各地称呼不尽相同。有的称船老大、渔老大，有的叫船头家、船头脑，还有的称为长元、长年以及掌元、掌舵等。闽南地区的渔家疍户，却通行称为老舤或舤公。一个"舤"字，字典难查找，属于再造字，但字面上可一目了然，何谓"舤"，即舟船之代表。在厦港渔区，老舤在船上有绝对的权威，特别是著名的老舤，更是一言九鼎、令行禁止。港中有句流行话："一位名舤，能够带出一船能工巧匠，几位名舤可以兴旺一个渔港。"事实上，在长期的海上生产实践中，许多老舤积累了丰富的海洋知识与生产经验，他们能看云测天，听潮辨风，观潮流知鱼群的多寡，闻鱼鸣知道鱼群洄游的方向。他们那些颇富传奇色彩的技艺流传甚广，成为人们津津乐道的美谈佳话。

第一节 "白鱼同"

被称为"白鱼同"的捕钓带鱼能手张同，自幼随父出海捕鱼，9岁那年，他就能下竹排单独操作，每逢渔船开赴渔场，他都抢先放好"头索"，作下标记。久而久之，他对许多渔场的方位、水深、底质、潮流、鱼类品种都摸索得一清二楚。张同16岁开始当老舵，成为闻名一时的"少年舵公"。当时钓白带鱼是春冬生产的大宗鱼，春汛钓"屈带"、冬汛钓"落头带"，他都掌握好渔场的"靠势"，占据中心渔场，判断十分准确，每个鱼汛产量都名列全港的"头帮船"。他还敢于打破常规，开辟一些新渔场，如习惯上东淀渔场的说法是头、二、三沟，经过他的实践证明，还应增加一个"四沟"，即后来定名为"堀尾缝"的渔场。经他总结推广的渔场还有"堀尾南墘""棘头内""北淀尾""辑仔""粗北墘""阴山粗南"等，均成为高产作业渔区，因而张同被称誉为闽南渔场的行家里手。张同年老告退后，经常到港口看渔船出鱼，只要他看到鱼类的品种和数量，就能说出是在什么渔场捕钓的，这样的本领，令人赞叹不已！

带鱼

珠带

第二节 "鲅仔赞"

名舭陈赞人称"鲅仔赞"，在钓捕和加工鲅鱼（二长棘犁齿鲷）方面很有一套，他的经验之谈有"三选择"：首先是选择渔工，他船上的伙计选的都是有多年钓捕鲅鱼经验的能手；其次是选择渔场，他根据鲅鱼的习性，摸索

二长棘犁齿鲷（鲅鱼）

规律，选择底质起伏不平多礁石的"钓粗"渔场，如"半温粗""岭底粗""富粗"等海区，掌握水深适时放绳，经常能钓捕到批量的"大鲅"（单条达半斤以上）；再次是选择处理鱼货的方式方法，根据生产情况、气候特点以及市场需求，分别选择"冰鲜""开刀鲅""挡鲅""炊鲅"等多种加工技术，坚持鲜制、盐制和炊制相结合，做到适销对路，提高鱼货的经济价值。

第三节 "嘉腊埪"

真鲷鱼俗称嘉腊，以个头大、销路广、经济价值高而被人们所青睐，被列为厦门上等经济鱼类。张埪因善于钓捕以真鲷为主的鲷类，在厦港渔区有"嘉腊埪"的称誉。他在生产中积累了一套捕获嘉腊的先进经验，归纳起来称为"先、准、占"三字经："先"是抢先，冬汛嘉腊鱼汛进场前，他总是捷足先登，提前做好各项准备工作，以便先出海、先放绳，抢得先机；"准"是看准潮流，嘉腊喜欢在潮流强的海区栖息，特别是"北流比南流

好""大潮比小潮好",因而判断潮流海区要做到准确无误;"占"指占据中心渔场,在许多渔船争占中心渔场的竞争中,张塓所在的渔船往往技高一筹,因为他占据的是中心渔场之中的旺发中心。

真鲷(嘉腊)　　　　　　短尾大眼鲷

黑翅鱼　　　　红鳍笛鲷　　　　黄鳍棘鲷

平鲷　　　　　　　　松鲷

第四节 "大鲨文庆"

号称"大鲨文庆"的捕抓可食用鲨鱼能手张文庆，是当时厦门港的一位风云人物。厦港流传一句顺口溜"文庆舣大鲨饲在河仔内"，十分形象地形容海上凶猛异常的大鲨鱼，就像是张文庆饲养在小河里一样容易捕获。鲨鱼渔法，历来是一种难度大且风险性强的作业，尽管船主与渔工是"二八分成"，但技术不过硬的渔工却不敢问津，有时甚至得不偿失，因此又有"大鲨二八抽，丢绳脸忧忧"的说法。张文庆对渔工言传身教，教授他们放大鲨鱼的诀窍，除了要胆大心细，他还采取夜间放绳翌晨收绳或专候大潮流放绳等行之有效的方法，延长作业时间，提高上钩率，减轻劳动强度。同时，他还根据春汛钓带时发现鲨鱼追食带鱼的现象，创造了夜间捕鲨鱼、白天钓带鱼以及冬汛捕鲨鱼兼钓鳀仔鱼的兼轮作业技术，提高经济效益。

尖头斜齿鲨(小白鲨)

龙纹鲨

条纹斑竹鲨（狗鲨）

狭纹虎鲨

第五节　草席诱捕乌鲳鱼

"草席诱捕乌鲳鱼法"的发明过程富有传奇色彩，曾作为厦门市民的美谈佳话广为流传。史载：1915 年夏季，偌大的厦门市面上到处买不到草席。原来，老舵张马及其船上渔工张春谅创造了草席诱捕乌鲳鱼的独特渔法，草席被讨海人抢购一空了。草席怎能捕鱼呢？原来乌鲳鱼口小，不容易吃饵上钓，渔获量极少，渔家因此咒之为"鬼仔鱼"，认为遇到乌鲳鱼群就会倒霉。后来不断摸索，改进用醋网捕捞，但效果不是很理想。渔工张春谅，平时对各种鱼类的生活习性很感兴趣，生产中注意观察，是个勤劳聪敏的生产能手。有一次，在海上操作时，船上一条遮光用的竹帘被风吹落到海面上，张春谅摇着竹排前往捞取，当他拖动竹帘时，发现帘下聚集着一群乌鲳鱼，跟着竹帘游动，任他用船橹挥打也不分散，直到竹排靠上大船，把竹帘拉上船后，乌鲳鱼群才消失。这件事引起了张春谅的思考，他联想起平日曾观察到乌鲳鱼经常集群洄游在有阴影的地方，有时甚至在大海龟的腹下游动，就设想诱集乌鲳鱼入网的新方法。可是，船上可以放在水面浮动诱集乌鲳鱼的东西不够，张春谅就发动大家把睡舱里的草席放到海面操作，没想到一举成功，每张草席都诱集了一大群乌鲳鱼，第一次试验就捕获近 2000 条乌鲳鱼。此事在厦门港引起了轰动，各船争相采购草席，结果造成草席价格一路上涨，一时脱销。张春谅创造草席诱捕乌鲳鱼渔法，在厦门渔业史上占有重要的一页。20 世纪初期是厦门渔业的兴盛时期，乌鲳渔业改变了历来夏汛单一的鱿鱼作业，而且可以增加网钓兼作，曾经达到全港捕捞乌鲳鱼的大钓醋近百艘，渔民 3000 余人，一艘船一个汛期乌鲳鱼捕获量达三四百担之多。而且，这种创造性的渔法，还推广到其他兄弟渔区，传播达到 50 年之久。

布氏鲳鲹   刺鲳（肉鱼）

　　张春谅发明创造了草席诱捕乌鲳鱼的渔法，与老舣张马的全力支持和帮助是分不开的。据悉，从采用竹帘、帆布到草席作为诱集工具以及乌鲳艚网的设计改进过程中，张马都与张春谅一道反复进行试验，直到取得最佳效果。在草席诱捕乌鲳鱼渔法引发轰动效应后，张马又与张春谅研发出草席涂擦白水粉油的新办法，使诱捕效果更上一层楼。张马还支持船上渔工到其他渔船传授经验，并逐步推广到整个闽南沿海。张马智力超群，眼力过人。据说他站在沙滩上，看到港口的帆点，就能说出此船老舣的名字，看到进港渔船舷边吃水的深度，就能推测出船上渔获的数量，且根据当天的行情，他还能口算出该船的产值以及船上劳力的平均收入。其准确程度让有意核实的人都惊呼：真是神算！

乌鲳   银鲳（白鲳）   中国鲳（斗鲳）

第六节　小钩钓船拖大鱼

　　张渔福与黄石头都是内海颇有名气的钩钓船老觥，钩钓船比钓艚船小，作业范围有限，闯荡大海难度大，但由于他们善于动脑筋想办法，也敢于与大钓艚比赛捕大鱼和经济鱼类，鱼类品种从以鲂鱼为主扩展到鲷鱼、鳗鱼、鮸鱼以及鲨鱼。有一次，张渔福所在的船竟然在闽南渔场捕获了一条大鲸鲨[①]，因鱼体太大钩钓船盛不下，他就想方设法用两条粗大的绳索，硬是把大鲨鱼套在船舷边拖回港。据称船未靠上沙滩，鲸鲨倒先搁浅。据曾目睹现场的老渔民回忆，大鲸鲨拖上沙滩时，估计有 2 米高，站在鱼身两侧的人都看不到对方的头，单是鱼肝就盛满 13 个鱼筐，鱼肉卖完后统计有 3500 多公斤，当时小船捕获大鲸鲨的消息轰动一时，前来沙滩观看的人群络绎不绝。

讨海人的生产、生活用品（厦港海洋文化展示厅展品）

　　（注：本章第一节至第六节图片均由陈葆谦拍摄。）

---

　　①　鲸鲨目前为国家二级保护动物，已明令禁止捕杀。

第七节 父子名舾

在厦港渔区，陈自来与阮土豆是全港公认既善于生产又精于经营的名舾，他们的共同特点是，产量高产值也高。旧社会渔业生产经营经常会出现"鱼土鱼金"的现象，有时千辛万苦满载而归却只能低价贱卖，吃力而不讨好。

墨鱼干（陈葆谦摄）

陈自来善于抓住有利时机出售渔获，他用三个"赶"取得产值优势，即赶在重大节日前夕返港，赶在大批渔船之前返港，赶在因季节变化引发鱼价起落之前抓紧生产适时返港，因此他所在的渔

晾晒鳗鱼干、河豚干（陈葆虹摄）

船返港时总是能卖个好价钱。1931年春汛，陈自来曾经创造过单船鱼汛产值16000块大洋的全港最高纪录。抗战胜利后，陈自来的事业由长子陈乌糖接班。陈乌糖比父辈幸运，他接班后不久就迎来了渔港的解放，在合作化时又被新组建的侨资"远帆高级渔业合作社"聘请为101号船老舺。他把全部精力和智慧集中在"八改延绳钓"的改革创新中，连续多年产量和产值都名列全港榜首。1957年陈乌糖荣获福建省农业劳动模范奖章，1958年陈乌糖所在的101号船荣获全国水产技术改革先进单位称号，陈乌糖被选为厦门市人民代表。

第八节　海上多面手

1963年初，厦门海洋渔捞公社整理了一份先进事迹典型材料报送厦门市水产局，标题是"海上多面手——阮朝狮"，写的是该社506号船老舺阮朝狮从一名普通渔民，因为干一行、爱一行、专一行，逐渐成长为船上的甲板长、轮机长、副舺，最终成为全港知名老舺的经历。这份材料，市水产局与省水产局的领导先后写了批语，认为内容生动，事迹感人值得在全省渔区宣传。当年，阮朝狮荣获了福建省农业先进生产者的称号。从福州开完

灯光诱捕作业的主要鱼类——蓝圆鲹（巴浪鱼）（陈葆谦摄）　　　灯光诱捕作业的主要鱼类——鲭鱼（陈葆谦摄）

表彰大会归来，就接到市水产局一项光荣而艰巨的任务——在全省领先开展夏汛灯光诱捕围网试验。阮朝狮带领全船渔民，积极主动配合"三结合"试验组，边学边干，从船型、网具、光源三方面进行改装、配备、调试，在95天的时间里试捕12个航次，产量168.9吨，比同期的钓捕渔船平均产量高6.4倍，试验取得一次性成功。1964年底，省水产局在厦门召开现场会，重点推广阮朝狮及其渔船先行先试的先进经验，在全省渔区引起了强烈的反响，从此，灯光诱捕围网成为全省海洋捕捞的重要作业，该项目还先后荣获省、市科技成果奖和科技创新一等奖，阮朝狮本人也成为厦港渔区推崇的两位老舵标兵之一（另一位标兵张元木系厦港第一艘改变木帆船为机帆船的老舵）。

第九节　远洋渔业排头兵

地方文史资料记载，厦门地区渔民早时就有越洋跨国从事渔业的先例。如民国《同安县志》记载，曾有清同治年间凤翔里洪姓渔民十余人远渡重洋，到印度尼西亚的峇眼亚比定居，成为开拓当地著名渔港先驱。后来在抗日战争和解放战争期间，也有少数厦门渔船经香港分散到新加坡、马来西亚、菲律宾等地。但是，真正主动开拓远洋跨国渔业，却是在20世纪90年代初。当时的厦门水产部门，已经意识到渔业资源日益衰退，近外海的捕捞生产出现瓶颈，拓展远洋跨国渔业势在必行。1991年6月，厦港渔区组建三艘渔轮首航南太平洋帕劳共和国捕钓金枪鱼，成为福建省群众渔业以及厦门市远洋渔业过洋跨国作业的排头兵。这三艘渔轮产量398吨，产值1500万元，取得了当年投产、当年受益的显著成绩，为厦门的海洋渔业发展史翻开崭新的一页。至1995年，贝劳远洋船队已有八艘渔轮，另有两艘远赴西南太平洋的波拉佩基地作业。1995年9月，又组建六艘渔轮奔赴印度尼西

远洋渔轮首航仪式（陈宗岑摄）

亚，其中一对钢质底拖网、一对木质底拖网、两艘灯光诱捕围网，钢质拖网渔轮三个月产量550吨，产值420万元，创造了同类海区作业单位的多项历史纪录。翌年，又组织五对钢质拖网渔轮投产，成功地开辟了印度尼西亚的阿拉弗拉海域高产渔场。2001年至2002年，厦港渔区又组建四艘渔轮挺进北太平洋开拓鱿鱼钓作业，为厦门市首次参与太平洋公海的渔业资源开发，标志着厦门远洋渔业由过洋性渔业向大洋性渔业的调整迈出了新的步伐。

张佬是厦门海洋实业总公司所属远洋渔业公司207号、208号钢质拖网渔轮船长。1991年，该公司首先开辟贝劳船队南太平洋捕钓金枪鱼远洋渔业时，他所在渔轮的底拖网因不适宜这种作业无法参加，张佬憋着一股劲，动员船员抓紧作好远洋渔业的各项筹备工作，随时准备响应远洋的召唤。1995年9月，以张佬为带头船的印度尼西亚远洋跨国渔业船队终于扬帆出海，成为厦门

远洋跨国渔轮迎送场景（一）（陈宗岑摄）

远洋跨国渔轮迎送场景（二）（陈宗岑摄）

市首批开赴印度尼西亚海域作业的排头兵。头三个月的试捕，一对木质底拖网渔轮和两艘灯光诱捕围网渔轮遭受挫折，已有 19 年老舵经历、从小跟随父辈闯荡过台湾与香港海域的张佬却首战告捷，取得了捕捞产量 550 吨，产值 420 万元的优异成绩，创造了同类海区作业单位产量的航产、月产等多项历史纪录。翌年 5 月，该公司加大投入，组建五对钢质拖网渔轮再赴印度尼西亚，作为带头船的船长，张佬以他丰富的海上生产经验和踏实苦干的创业精神，赢得了

远洋渔轮捕捞金枪鱼场景

（远洋渔业供图）

全体员工的信赖，在他的带动下，船队成功地开辟了印度尼西亚阿拉弗拉海域高产渔场。张佬所在的 207 号、208 号对拖渔轮再创佳绩，这一年投产六个月，渔获量 1249 吨，产值 956 万元，这个纪录当时在全国乃至世界同类作业同等渔轮中也是首屈一指的。取得好的成绩固然可喜，而张佬矢志不移的精神更加难能可贵，正是他以身作则，言传身教，才能不断排忧解难，在远洋渔业的征途中闯出一番新天地。张佬也从中升华了对远洋渔业的认识，他经常对船员说，从事远洋跨国渔业，不单是个人与单位的事，人家把你看作是从中国福建厦门远道而来的。因而他能够带领船队共同维护好整体形象，博得当地、合作方以及兄弟省市远洋渔业单位的好评和赞誉！

远洋渔轮在西南太平洋捕钓金枪鱼（陈宗岑摄）

远洋渔轮在北太平洋钓鱿鱼（远洋渔业公司供图）

第三章 讨海人的传奇故事

沧海逝水，风习递嬗。在厦港这片背靠青山面朝碧海的神奇土地上，讨海人描绘出一幅幅充满传奇色彩的风俗画卷，从中令人感受到他们对真善美的追求和对建设美好家园的憧憬！

讨海人的姓名与称呼，打造出一种独具趣味的人文印记；疍家女下船出海英姿矫健，她们被誉为风浪里的女汉子；厦门大钓艚的建造与装饰，集中体现了讨海人的聪明才智；本港名鱼名产及其传统排名，丰富了海洋文化活态历史标记。就连港中最负盛名的几座寺庙，也流传着经久弥新的美谈佳话，成为渔港一道亮丽的风景线。

第一节　讨海人姓名的传奇色彩

读过古典名著《水浒传》的人，都知道梁山泊有几名渔家出身的好汉，其中三位姓阮的兄弟住在梁山泊边上的石碣村，他们是立地太岁阮小二、短命二郎阮小五、活阎罗阮小七，均武艺出众、义胆包身；两位姓张的兄弟原住浔阳江畔，他们是船火儿张横、浪里白条张顺，他们水性极好，能在水底伏得七日七夜。后来，都成了梁山泊义军的水师头领。

厦门港讨海人据称有"张、阮、欧"三个大姓，又有"张阮两姓半渔区"的说法。据传，张阮两姓是漳州九龙江流域的"水居之民"迁移而来的。民间流传，厦港疍民的张阮两姓，与梁山泊的好汉有着历史渊源。根据出身于九龙江连家船的闽南文化学者张亚清（曾任闽南日报社社长）的研究："张姓的开基始祖叫张岳华，原是河南省清河县张家堡人，明朝万历年间在南京任县令时，因犯案逃遁至九龙江一带，其三子张匀礼为生活所迫，开始下海以捕捞为生，现九龙江的张姓疍家，系从漳州市龙文区浦口村张氏大房祖分流出来的。"而阮姓疍民经溯源考证，确实有一部分是水浒梁山好汉"阮氏三雄"的后裔，《水浒后传》曾描写过阮小七在朝廷招安之后遭

出身于九龙江连家船的闽南文化学者张亚清

受迫害，愤而率众下海继续抗拒宋朝官兵。九龙江流域的阮姓，据说是在元兵南侵时，流落到闽南沿海一带，继承他们老祖宗的事业，从事水上捕捞作业。改革开放初期，有九龙江的阮姓疍民组织了宗亲"帮头会"，曾派出一位德高望重的阮九伯，带队前来厦港与阮姓渔家疍民开展联谊活动，并建议前往梁山泊旧址一带寻根谒祖，后因种种原因未能成行。近年来，中华阮氏企业总商会，福建省阮氏文化研究会已在厦门积极筹建相关社团。但长久以来，厦港渔家疍户的主流群体早已自觉或不自觉地把自己当作水浒梁山好汉的后裔，这种说法世代相传，坊间也作为传奇故事延承至今。

厦门港讨海人的名字，说来也颇有时代与地方特色，而且不

张亚清、张石成等合著的《即将逝去的船影》

乏妙趣。早期渔家疍户四海为家，有的在某个地方的港口降生，就以出生地为名，于是台湾、澎湖、金门、香港、浯屿、东山、南澳、汕头、汕尾、海南等都成了名字。据查厦港历史上名叫台湾的有七人，叫澎湖的有十余人。有一位船老舺陈台湾，成年后才从台湾回厦门，是有名的"台湾通"，虽然回厦门时报名陈金生，但人们都尊称他为"台湾舺"。也有兄弟俩名叫阿锣、阿鼓的，因在台湾出生，大家习惯上都叫他们"台湾锣""台湾鼓"。1992 年，有位台湾辅仁大学的教授尹章义，来厦时听说厦港有在台湾地区出生的疍民，特地走访了尚健在的张澎湖（1948 年 8 月出生于澎湖马公）和钟金门（1950 年 10 月出生于金门城关）。他在台湾也听说过有在厦门出生、名叫厦门的台湾人，因此认为这是台湾海峡两岸亲缘的最好印证。厦门与漳州龙海仅有一水之隔，过去厦港渔家疍户有人把婴儿送到龙海请奶妈喂养，有人抱养龙海的男孩，还有不少疍家与龙海农家联姻结亲，因而产生了大批取名"过水"的。有时一艘船上有好几个叫"过水"的人，只得分称为"大过水""小过水""查埔过水""查某过水""过水新娘"等。厦港与龙海浯屿关系更为密切，浯屿有许多人到厦港捕鱼，有的便在此安家落户，因而产生一种对应的名字：在厦门出生的叫"浯屿厦门"，在浯屿出生的称"厦门浯屿"。有几位浯屿籍渔民在厦门置船当上老舺，名号前面仍然会冠上祖籍浯屿，如"浯屿成""浯屿福仔""浯屿有宝"等。

《厦门日报》刊载的文章《厦门岛上访"澎湖"》

　　旧时渔家疍民重男轻女，希望男孩能成群列队，好继承父业。因此名字叫"来斗"或"斗阵"的特别多。据说在登记户口时，有位管理户籍的老民警为避免名字重复，充分运用与闽南话同音的字，分别写成"来逗、来到、来斗、到阵、逗阵、斗阵"用以区分，可是因为太多，难免还是有重复的，渔家疍民早时目不识丁，一个名字写来写去有的都乱套了。有这么两件趣事：有段时间渔业单位管理部门有三位名叫"到阵"的工作人员，一个电话找"到阵"，三个"到阵"同声应；"文化大革命"期间有次民兵集训，有三个"来逗"、四个"罔市"同批参加，部队教练第一次点名时，每叫一声"来逗"或"罔市"，都有几名学员同时应答，弄得教练晕头转向。讨海人取名还有一种依照民间盛行的"厌胜"方式，认为孩子名字起得粗俗卑贱，即可避免邪怪纠缠，以利消灾解厄。因而番薯、芋粿、铜贡、态呆、屎尿、粪扫都成了名字。有一家姓阮的三个堂兄弟，后来恰巧各生了几个儿子，由第一个孩子取名"臭"字辈开始，先后各取名为臭碰、臭臊、臭贱、臭铜、臭铁、臭柴、臭屁、臭尿、臭屎，真的一个比一个更臭。好在这些堂兄弟长大上学时，时代的变迁使他们不愿将"臭味"带到学校，大多请老师改了与时俱进的好名字。

阮氏社团组织编印的刊物

第二节　风浪中的女汉子

在祖国辽阔而壮丽的海疆上，北到黄海，东到东海、台湾海峡及钓鱼岛渔场，南到广东、海南及南海海域，西到广西北部湾，凡是厦门渔船到过的地方，都曾出现过厦门港渔家女矫健的身影。她们不但在渔船上担负着煮饭菜、洗衣服、刷甲板、织网补帆等许多繁重的任务，也能像男渔民一样，下舢板、摇竹排、起网收绳，样样在行。其中的佼佼者，甚至在惊险万分的大型捕捞中也能显露一下非凡的身手。因而，提起厦港渔家女，许多沿海省市兄弟渔区的同行总要竖起大拇指，称赞她们是独树一帜、特色鲜明的海上巾帼英豪，不愧为风浪中的女汉子。

渔家姑娘海边补网（王荣源摄）

渔家女可随船出大海捕鱼，这是厦门港的传统习俗，在全国沿海堪称一大特色。纵观其他地方的海岛渔区，一般都禁止妇女出海，有的只能在江河或海滩讨小海搞养殖，更多的则是在陆上从事农副业生产。厦门港之所以会有这种习俗，有其历史原因：据老一辈疍民流传，疍民从江河内港来到厦门港，起初大

渔家女下竹排（阮亚婴供图）

多是连家船或夫妻船，清初封建统治者明文规定不准疍民在陆上定居，还禁止海陆通婚，因而渔家女只能长期生活在小船上，成为入不了户籍的"水居之民"。后来虽经疍民群起抗争，才颁布所谓的"大赦疍族"，也取消一些禁令。但由于厦港处于老城区海隅，形成了群众性纯海洋渔业生产的基地，除了下船出海其他出路很少，因此渔家女出海捕鱼就成为辈辈相传的习俗。新中国成立初期，厦港渔家女还一度成为许多海岛渔区渔家姑娘的楷模，引发一场渔区"千女闹海"移风易俗的潮流。

厦门港渔家女有着独特的头饰和服装，这是她们的又一特色。渔家女以结婚为界，未婚的渔家姑娘，头饰为盘在头上的红绒线，称为"烟筒箍"。据传早期为了在海上劳作方便，渔家女便把辫子缠在头上，后来嫌色彩过于单调，就接上红绒线，编成麻花结盘在头上，从岸上望去，犹如蓝天碧海中盛开的朵朵艳丽的红花，令人赏心悦目，这是渔家姑娘追求美的一种创意。渔家女出嫁后，就得把头发挽在后脑梳成"讨海体

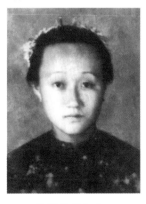

渔家已婚妇女
（阮老古供图）

式"的大发髻。渔家女都穿汉装，有的衣服边角镶着各种花边，逢年过节，她们头插簪花，脚穿珠鞋，十分引人注目。因而人们把她们与惠安女、蟳埔女并列为闽南三大特色女。随着时代的变迁，如今渔家女的头饰、服装已经改变，过去的装扮已延续成舞台上的一种艺术形象，在一些戏剧、歌舞以及民俗阵头表演活动中得以重现。

渔家女的生活和命运，在新中国成立后发生了翻天覆地的变化。在新中国成立之前，疍民地位低贱，疍家女更是受欺凌，她们不敢轻易上岸，偶尔上岸得三五人做伴成群，还得穿上三条以上的裤子。在渔船上，渔家姑娘

疍民歌舞（张青山摄）

只能吃三餐，不能得分红，渔家女成年后即使是最强的劳力也只能分到男劳力 75％的工钱。船上还有许多清规戒律，如规定渔家女不能跳过船，不能跨过"船眼"和祭神的"斗头"，不准在船上生孩子……凡是渔船发生了不吉利的事，往往还会归罪于渔家女，这种种不平等的待遇，不但剥夺了她们的人身自由，而且坑害过不少无辜的生命。新中国成立后，渔家女才真正翻身做主，掌握了自己的命运，党和人民政府维护她们的合法权益，并且有意识地培养渔区各级女干部，在渔业生产、后勤服务、支前拥军、海上斗争、对台宣传等各条战线都涌现了一批英模和功臣，有的还被选为市、区的人大代表或政协委员。

第三节　陈有金与厦门大钓艚

　　厦门现存第一部志书，清朝乾隆《鹭江志》廖正鹏所写的序中写道："鹭岛则为全省诸水道之要冲，四面环海，群峰拱护，可为舟楫聚处，港中舳舻罗列，多至以万计……海国巨观至以极矣。"桅樯遍布成为厦门港的一大景观，其中数量最多的应该是五花八门的渔船。早时，本地的渔船有舢板仔、双桨、阔头等，周边迁移而来的渔船有石艚、溪篷、舡仔等，而更多的是来自九龙江流域的疍家连家船（全家乐）与夫妻船（尪某阵）。经过一段时期的生产实践，渔船从岸沿滩坞走向港口内海，出现了新的船型，清朝道光《厦门志》卷五《船政略》记载："厦门渔船，属鱼行保结，朝出暮归，在大担门南北采捕，风发则鱼贯而回……渔船有曰艋艚、曰描揽、曰虎艚、曰十三股艚、曰汉洋钓、甚至曰草乌，船型如劈开鸭蛋式，多桨而能行，不畏风浪。"嗣后，渔船走向闽南沿海渔场，又出现了白底艍、挂鸟嘴、小钓、钩钓、网艚、牵虾仔等渔船。总之，早期的渔船尚处于渔业生产的初级阶段，属于"讨小海"走向"讨大海"的过渡，各地来厦的渔家疍户，带来各种类型的渔船与他们所熟悉的作业方式，正在慢慢地相互交流与磨合之中。

　　1850 年厦门渔港钓业兴起，随着生产海域的扩大和作业方式的改进，原有的渔船已经无法适应渔业生产的发展。1870 年，疍家出身的老觥陈有金经过多年探索，将自家的一艘"挂鸟嘴"渔船与惠安的钓船"大排"比较，请来曾经建造过福船的泉州籍老师傅，师承福船工艺，糅合早期多种渔船的优点，精心打造出全港第一艘名为三支桅厦门大钓艚的新渔船。新船下水投产后捷报频传，引起轰动。这一创举，成为厦门渔业具有历史意义的一大转折。短短几年内，前来参观取经者络绎不绝，不仅是本港，整个闽南沿海的船家都来学习仿造，作为定型推广的优良渔船，形成了闽海"北有围艚、南有钓艚"的格局。这种钓艚的特点：一是形如对开的蛋壳，呈"U"字形（渔家疍户称誉为关帝鞋），具有较强的抗风性能；二是甲板宽阔，可以放置竹排、舢板，开展母子式的延绳钓作业；三是改篾帆为布帆，增强孕风续航能力。经过生产实践检验，这种钓艚具有航速快、阻力小、肚大坚实、航行平稳、耐波性好、抗风力强等诸多优越性。在台湾海峡风狂、流急、浪高和气候多变的环境下，能适应闽南及台湾浅滩渔场的自然条件。厦门钓艚出现后，厦港渔区形成以多种延绳钓作业为主，钓、围、流、张综合利用全面发展的捕捞作业方式，并一直沿袭到 20 世纪 70 年代，时间长达一个世纪以上。

从原始的"刳木为舟，剡木为楫"，到初级的"三板五会"式五花八门的疍家舟艇，再到具有福船技艺的较为先进的"双背水密舱"钓艚，最后到高层次顶级的现代化渔轮。渔船的创造与演变，经历了漫长的历史阶段。在厦门海洋渔业的开拓发展历程中，1850年钓业的兴起，被称为是历史的转折点，1870 年陈有金建

三支桅的厦门大钓艚

造了第一艘"厦门钓艚"，被认为是具有划时代意义的一件大事。从此，厦门钓艚成为定型渔船，风行闽南沿海百余年，在开创海洋渔业生产新的历史篇章的同时，也形成了渔家疍民一套完整的整船礼仪程式。以陈有金整钉的第一艘厦门三支桅钓艚为例，就经历了"过三关""请六将"的艰辛过程，实属不易。"过三关"指的是准备阶段的资金、技术、选材三道关卡；"请六将"则是

指从渔船的上架起工到下水出航，要经过"竖龙骨""安龙目""钉头巾""树桅杆""落令""船饰"等六个关键步骤，需聘请技艺过硬的头手师傅亲自操作把关。后人之所以高度评价陈有金的业绩与贡献，把他尊称为"厦门钓艚之父"，就是因为他能在比照泉州、漳州、厦门三地渔船性能与特点的基础上，进行扬长避短，在整钉新型钓艚时，采取"舵公加师傅"的模式，根据"船是活厝"的理念，合理安排好几个舱位的位置和作用，使其成为三地造船技艺的集中体现与智慧结晶，然后推而广之。同时，又将三地的整船科仪程式加以总结提炼，成为一种闽南一带的海港渔村共同认可与尊崇的规范化礼仪习俗。

渔船的演变——灯光诱捕渔船

渔船的演变——底拖网渔船

渔船的演变——现代化渔轮（陈宗岑摄）

第四节　厦门钓艚装饰有讲究

建造新房屋需要装饰美化，整钉新船也要打扮一番，称为船饰。厦门钓艚装饰很有讲究，主要内容有上色、图画、旗号、标语、联对等，工序可划分为两个阶段，船体外围在"落令"下水前穿插进行，船上部分在试航至投产前完成，具体工作由船主安排，一般工种尽量自己操作，需要工艺技术部分聘请专业画师与漆匠现场加工处理，有的还需到广告商店订制。与有些地方令人眼花缭乱的船饰相比，厦门渔船力求简朴实用，不搞烦琐花俏，形成一种独具风格的船饰文化，既能反映本港的民间信俗特色，从中也表现了渔家疍户的精神世界与审美观念。以厦门钓艚时代的装饰为蓝本，可窥见一斑。

厦门钓艚的主体色为红色。渔家疍户崇尚红色，视红色为吉祥喜庆的象征，整艘船从甲板至船舷有一种红红火火激情燃烧的魅力；而在船体两边的外侧，除突出船眼形象外，吃水线以下一色亮白，以便留下每个航次的浪痕水迹；船帮的三道纵向突起稜条，为加固渔船的作用，故以沉稳凝重的黑色体现；其余则以黄色作为间隔过渡，船体两侧的外观，给人以一种简洁的印象，十分亲切自然。

停靠在码头的船队（陈宗岑摄）

停泊厦鼓海峡的船队（陈宗岑摄）

厦门钓艚上的图画，是图腾崇拜的映现，集中表现在头尾两个部位，船头的图案，称为船体第一饰，俗称"头犁壁"。由一个波浪掀起的"山"字，托出一轮太阳，寓意为日光普照，山水相连，海陆互通，仿佛渔船从山门驶入海门，船头如犁，劈波斩浪，耕海牧渔，一幅何其雄奇威武的景观！而船尾的图案，是一条近似海泥鳅的神鱼，有两种传说：一说此种鱼俗称"真猛"，大鲨巨鲸见了不敢兴风作浪，因是与人为善的神鱼，因而博得渔家疍户的敬仰与崇拜；另一说这种鱼是海洋里的"鱼头领""鱼统管"，有指挥调度鱼虾水卒的特殊功力，还有镇妖压浪的神通，因而可以协助渔船获得丰收旺产。

厦门钓艚的船头饰图（张青山摄）　　厦门钓艚的船尾饰图（张青山摄）

　　厦门钓艚上的旗号，原先也有醒目显眼的桅顶旗，在头桅与中桅顶上高悬三角形有飘带的"顺风旗"，可以随风飘荡旋转，指示风力风向。后来厦港渔家头人张晋因围剿海匪有功，他所在的渔船被封为"王帽船"，张晋遭海匪杀害后，厦门渔家疍户为纪念他的功德，都把桅杆顶上"挂束尖"改为"王帽式"，将风向旗换到尾桅上，这种装饰，成了区分厦门钓艚与其他闽南渔船的又一种标志。其他旗号在厦门渔港不常出现，有的新船下水投产第一航次，会找商家制作一面"一帆风顺"或"一见大吉"的锦旗；有的在新春开正出海第一航，也会挂上一面"旗开得胜"

或"乘风破浪"的锦旗。到了20世纪60年代,每逢春汛开展生产竞赛,最出风头的要数船上挂有多面高产旗号。每个航次,主管单位都要进行评比,派出报喜船,敲锣打鼓放鞭炮,分别送上"高产航""优胜红旗""创新纪录"等旗号。每逢渔船大批返港,人们都喜欢数一数哪艘船上的红旗最多。转汛的时候,船上才把各种旗号收集起来,作为领取奖励金的凭证。

厦门钓艚上的标语,原先也遵循古风,一般都是把寓意深刻的单句条幅标语直接书写或雕刻在相应的特定部位上,如头桅上的"开路先锋"、中桅杆上的"八面威风"、尾桅上的"海不扬波"、舵杆上的"万军主帅"、水柜上的"龙水甘泉"、鱼舱上的"锦鳞满载"、帆篙上的"风帆捷至"等。后来,随着船型的改进和移风易俗,船上的标语渐次减少,最后销声匿迹了。

厦门钓艚上的对联,历来就倡导少而精,重点在供奉神龛的地方,俗称"红格顶"。左联是"水马繁华",右联是"木龙光彩",横批是"海国安澜"。另在最大的男睡舱门栏两侧,有的也会来一副"顺风顺水顺人意,得财得利得天时"的对联。随着时代的进步,对联也与时俱进。如今,船饰规范化,对联在现代化渔轮上已经难有立足之地。

第五节 "安船灵"与"十二生肖"巧布局

渔船、渔具是渔家疍民的主要生产工具,也是他们最直接最贴近的崇拜对象。渔船被视为木龙,在整钉新船时,龙骨作为核心部位,也是渔船灵魂所在,"竖龙骨"相当于造就新渔船的整体魂魄。以前在渔船下水投产前夕,欲使渔船的神灵之气充分显露出来,还必须进行一种私密的"安船灵"仪式,由船主独自选取吉日良辰,用一块大约长一尺、宽四寸的木头,中间凿孔,刚好能放进一枚古银圆或铜币,用铜钉固定在水柜的梁头下方,据传安放船灵后，渔船便会成为充满灵气、活力四射的蛟龙。老一辈渔家疍民还流传，在水柜里安放船灵是寓意龙行于水，渔船就会灵气活现，生机无限，更具精气神。而船灵的象征物选取银圆或铜币，则意味着渔船锦鳞满载，钱财泉涌。

渔船的重要部位与生产工具，被渔家疍民人格化与神格化，冠以各种封号，龙目称为龙目光彩，船桅称为三军主帅，船碇称为船头将军，船舵称为船尾将军，船橹称为神行将军，船帆称为大篷军师，船网称为布阵统领。船头的"斗头"是祭神的平台，必须保持圣洁清净，不得堆放污垢之物；船体两侧的通道舷门，祭拜之时有严格区分，喜庆之事敬右舷门，不吉利之事祭左舷门。对于船体上一些小巧的构件，渔家疍民也怀着崇拜之情，分别以十二生肖的动物名称作为代号，不但容易识别，通俗好记，而且妙趣横生，为渔船助威添彩。以厦门钓艚为例，初期的具体名称如下：稳固桅杆的插销称"老鼠栓"，贯穿帆缭的滑轮称"牛头钮"，下放碇锚的轧头称"虎须结"，堆置索路的框架称

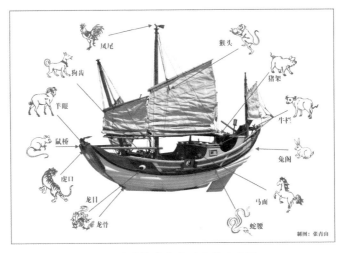

"十二生肖"在船上的布局示意图

"兔子箍"，船头两侧的角板称"龙凤对"，活络风帆的圈套称"蛇脱壳"，装卸桅杆的机关称"马鞍架"，固定风帆的插座称"羊角尖"，舵公掌舵的舱面称"九（猴）尺门"，船舵出水的柱杆称"鸡角头"，风帆升降的滑道称"狡（狗）猾螺"，摇橹的橹柱称"猪卤蛋"。随着厦门钓艚的推广，闽南各地在实践中不断完善和创新，对船上"十二生肖"的布局更加巧妙，形似更兼神似，称呼日臻简明，以评上省级非物质文化遗产的泉港峰尾大福船为例：一鼠桥，二牛栏，三虎口，四兔阁，五龙目，六蛇腰，七马面，八羊角，九猴头，十鸡厨，十一狗齿，十二猪架。

"安船灵"与"十二生肖布局"是厦门港讨海人"泛灵信俗""多神奉祀"的典型。其文化寓意可解读为两个方面：一是船上各种部件，均能在各自岗位上发挥作用，成为渔家疍民的得力助手；二是通过人性化的寓意，表明船上各种生肖的员工均能各司其职，按照船老舵下达的指令，一呼百应，增强超自然的神力，从中获得信心和力量。

第六节 "三大家鱼"在厦门

带鱼、大黄鱼、小黄鱼、墨鱼（乌贼）号称我国传统的"四大家鱼"，也是我国历史上最重要的四种经济海产品。而在厦门渔港，这四种海产都排不上名鱼榜，但带鱼、大黄鱼、墨鱼都是绝对的名产。

小黄鱼的主要栖息地在长江口以北，台湾海峡以南海域，难得一见。大黄鱼古名石首鱼，厦门俗称红瓜，由于厦门港口外围的青屿、浯屿岛周边的九节礁一带，曾经是大黄鱼产卵繁殖场地，有"红瓜窝"之称，厦港渔船在家门口就能用流刺网或延绳钓捕获大黄鱼。也许是口味习惯的差异，老一辈厦门人感到大黄鱼的肉质太软，喜欢的人不多，倒是产妇们较有口福，坐月子时经常有亲友捎来几条大黄鱼当作礼品，盛传大黄鱼有滋补兼催乳的功效。大黄鱼在厦门海域始终作为兼作对象，没有形成单独的鱼汛，即使是在浙、闽、粤三省用"敲罟"的渔法围捞大黄鱼的狂热时期，厦门的渔家疍户也没

大黄鱼（陈保谦摄）

有前去凑热闹。而今，当大黄鱼资源几近枯竭时，厦门人忽然对它感兴趣起来，市场上一有野生大黄鱼出现，立即被抢购一空。

带鱼因其身长如带而得名，又因皮白光滑，厦门人俗称其为白鱼。带鱼曾经在厦门的水产渔业发展史上留有重要的一页，从1850年至1965年，就是它缔造了一个世纪之久的"带鱼时代"：这个时代的厦港渔业，进入全盛时期，而带鱼延绳钓又是钓业的首席代表；这个时代的厦港渔船，是整个闽南沿海的典范，而厦门钓艚的首创，可以说就是专为捕钓带鱼而设计的；这个时代厦港的捕鱼方法，以"桶箍围钓带"渔法的发挥最为极致，曾为中外捕钓渔法的先进水平；这个时代的厦门渔产，以带鱼为最大宗，其产量占全港渔产的80％以上，成为名副其实的"带鱼王朝"，而物美价平的"厦门钓白"，也成为厦门人民最喜爱的"平民大众鱼"；这个时代的厦门渔民，以厦港讨海人最为专业与敬业，他们走南闯北，所到之处人们都传扬"厦门港钓带鱼的高手来了"。带鱼在厦门，还流传有许多逸闻轶事：传说带鱼是白鹭鸶所化，人们食用后，可以将其鱼头骨组成一只栩栩如生的白鹭鸶。古渔书记载"一鱼上钓，可得二三带"，说的是带鱼在海里会玩接龙的游戏，渔家疍户以带鱼切成小块作饵，果然有时就出现了"白鱼连尾钓"的奇观。还有一个带鱼牵线结成美满姻缘的

真实故事，说的是厦港有一对疍家夫妻，生下一个男孩，因母亲乳水不足，将孩子送到与厦港一水之隔的南太武山下向一位农妇"分乳卅"，农妇疼爱他胜过自己的亲生女儿，总是先给男孩喂乳。就此两家结下缘分，农妇家经常有带鱼吃，疍民家番薯不断。两个青梅竹马的小孩逐渐长大，男的名过水，是个憨厚壮实的捕鱼好手，女的名水妹，喜欢打扮成疍家姑娘学摇船，村里人都说她带鱼吃多了又白又水灵。到了谈婚论嫁的年龄，两边家长顺其自然，过水驾驶新造的钓艚迎娶水妹，看热闹的人念了一首打油诗：带鱼换番薯，奶母变岳母，一人赚得两人回，过水憨人有憨福！

带鱼头骨组装的白鹭鸶（林中民制作）

　　墨鱼，学名乌贼，厦门人俗称其为墨贼。乌贼在厦门，有"春贼"与"冬贼"之分，由于春冬鱼汛，乌贼只是兼作的捕捞对象，因而产量不多，倒是鱿鱼长期被列为夏汛的主要捕捞对象，因此鱿鱼的光环一直盖过乌贼。其实，乌贼并不是鱼类，它与鱿鱼、章鱼同属软体动物门头足纲，被人们戏称为"软氏三兄弟"。乌贼在厦门，它的名气大还因为它富有传奇色彩，渔家疍户称其有"三奇"：第一奇，由来奇特。相传秦始皇当年出巡东海之滨，不慎掉落随身携带的盛墨砚的算袋子，不曾想到这个袋子入海化成了乌贼，形未变仍呈袋状，墨未丢尚存腹中，袋口的两条带子变成了伸屈自如的解腕。又有人认为，乌贼乃乌鸦所化，至今口腹犹相似，渔谚有"乌鸦叫，发乌贼"之说。这个故事，当然未足为信，然而却在坊间流传甚广。第二奇，贼名奇怪。乌贼空负一个贼名，它在海洋生物中属于良善之辈，容易受到惊吓，一有风吹草动，就会喷出墨汁，意欲染黑海水趁机逃遁，岂不知此举反而暴露了自己，变成自投罗网，这就是古谚"欲盖弥彰，患存而亡"的由来。第三奇，入药奇效。渔家疍户认定乌贼全身是宝，特别是药用价值非凡，其肉不仅味道鲜美，营养丰富，还具有滋肝肾补气血、清胃去热的功效；乌贼头炖桃仁，可治多种妇科病；乌贼骨称海螵蛸，有收敛止血、止带固精等特效，海螵蛸配贝母研末，可治消化道溃疡，烘干后再研细末，可治哮喘，外敷还可治湿疹等症，就连其血以及墨汁均可入药，据悉，从事海洋医药研究的部门还发现了乌贼具有抗病毒的作用。

第七节　厦门早期的三种名鱼

厦门早期史志资料，对于厦门物产，推崇"最富有者，厥惟鱼类""厦市物产以鱼类为最大宗"，但对厦产鱼类的品评却甚少。乾隆《鹭江志》在介绍水产品时，提到"江鱼……箬筜港出者极佳"，引用厦门名人池直夫的诗句"凭将肝胆千回语，寄与箬筜三寸鱼"，将小小的江鱼列为贵重之鱼；道光《厦门志》在介绍海味鱼时，提到的多为咸干品，如鱿鱼干、江鱼脯等；1941年出版的《新厦门指南》，提到厦门早期的三种名鱼，认为"厦门鱼类在国际史上站得有名之地位者，乃文昌鱼、江仔鱼、柔鱼

（即鱿鱼）"；1947 年出版的《厦门大观》也指出"厦门特产鱼类有文昌鱼、江仔鱼、柔鱼等三种"。在厦门海域洋洋大观的数千种水产品中，为何选取这三种为特产名鱼呢？原来它们都有着各自独特与神奇的地方。

较早的文史资料介绍文昌鱼：色白如银丝，体如鳗苗，长可二三寸，为世界罕有之物。旧时同安沿海民间传说：朱熹任同安主簿时，有鳄鱼精变成美女潜入县衙，朱熹正批阅公文，彻夜未眠，忽见美女入室，即将手中朱砂笔掷去，鳄鱼精伤痛入海而亡，骨骸堆成小岛，今称鳄鱼屿，肉体化为繁衍至今的文昌鱼，因此又称"鳄鱼虫"。

文昌鱼为国家二级保护动物，它其实并不属鱼类，其形态结构十分特殊，是无脊椎动物进化到脊椎动物过渡型的典型代表，被称为 5 亿年前脊索动物的祖先，誉为研究生物进化的"活化石"，达尔文曾经评价说："文昌鱼的伟大发现，提供了

文昌鱼

指示脊椎动物起源的钥匙。"在中外历史上，只有厦门以刘五店海域为主的文昌鱼能形成鱼汛，开发产业，而且产量最高（最高年产达 280 吨）、捕捞最早、规模最大、渔法最独特。因此，厦门海域被誉为文昌鱼的故乡。长期以来，厦门大学的一批知名学者（包括外籍教授），通过深入田野调查和制作标本，把厦门文昌鱼推向世界，引起强烈反响，目前，对文昌鱼的人工繁殖、放流技术以及保护和开发的研究，已经取得了突破性的进展。1991年 10 月，厦门建立文昌鱼保护区，海域面积有 63 平方公里，2000 年 4 月已纳入联合组建的国家级厦门珍稀海洋物种自然保

护区。

江鱼，学名康氏小公鱼，早期产于箟筜港，"色洁味美，亦为本港特有产物"。《厦门掌故》介绍说："昔有江鱼，玛瑙目，背金色，体小无肚，味极佳，为世上罕有。"一种极为平常的小鱼，当初为何讲得如此神奇，原来是因为与一段至今尚未

蒸熟的江鱼

有定论的民间传说有关。据说，郑成功在厦"反清复明"期间，清顺治皇帝曾经御驾亲征，在箟筜港内发生一场激战，郑家军水师的一尊口缺一角的土炮，竟然打中了顺治皇帝的中军帐，传言顺治落水毙命，清军败阵而逃。战后，建立大功的土炮被封为"缺嘴将军"，而后，又发现港中小鱼因饱食皇帝肉身而形变，流传出"江仔鱼食皇帝肉，畅快无肚"的俗语。江鱼因此身价百倍，不仅成为厦门人的席上佳肴，还制成江鱼干脯出口外销。

鱿鱼其实也不是鱼类，属软体动物门头足纲，海洋生物学家考证，它的祖先是鹦鹉螺。据统计，全世界有 55 个濒海国家在

新鲜鱿鱼（陈葆谦摄）

中国枪乌贼（鱿鱼）（陈葆谦摄）

捕钓鱿鱼，由于它繁殖力强，世代更新快，是一种潜力巨大的海洋资源。厦门鱿鱼能够位列名鱼名产，是通过比较得出的结论。《新厦门指南》认为："柔鱼一物，虽日本有不少出产，本港产之风味有异，故有本港柔鱼的美誉，价亦倍焉。本港柔鱼在南洋群岛与香港广东，已有优秀地位，其甘美、生脆实非他鱼所可比拟。"据水产专家的研究，厦门所产鱿鱼学名"中国枪乌贼"，肉鳍肥大，全身可食部分达 98%，就其风味而言，无论是鲜食或干品，也确实最为上乘，因而市场上的销售价格，本港鱿鱼比阿根廷等国鱿鱼高出三倍以上。本港鱿鱼早期加工干品出口外销较多，民国《厦门市志》还特地介绍了"掇柔鱼"渔法与"曝柔鱼"的要领。1964 年后改用网捞渔法，长年可捕获鱿鱼，因此变为以鲜销为主，从而也出现了"水煮鱿鱼"等新鲜食谱。

第八节　本港传统海鱼排名

厦门本港范围渔产不只是厦门港海域，通常泛指闽南沿海至台湾浅滩，这是厦门渔船的传统作业海区。而品评本港传统海鱼的排名，最通俗的就是一句在闽南地区流传的顺口溜，"一鲟二红鯼，三鲳四马鲛，五鮸六嘉腊"，这恐怕只是渔家疍户间的说法，并非专业调查或公众评选的结论。这已经成为厦门地区海洋文化中鱼文化的一段历史记忆。但对比其他地方的一些品评观点，有些却是不谋而合。如台湾与香港地区，也有"一午二红衫三白鲳"的提法，浙江舟山是我国的第一大渔场，当地把鲻鱼称为章跳，认为"一斤章跳二斤鲈"，说明鲻鱼普遍受到喜爱与推崇。

"一鲟二红鯼"，这两种鱼在厦门能排名前列，其最大的优势是"物以稀为贵"，鲟鱼学名"四指马鲅"，红鯼学名"金带细鲹"，都是本港比较罕见的海鱼，市场上能见到的只是些叫作

"臭耳聋鲳仔"与"红鲦仔囝"的小鱼，渔船偶尔捕获到正港的鲳鱼与红鲦，不是被预先有预约的船上成员"近水楼台先得月"，就是被该船挂靠的鱼行所包销。大部分渔家疍户，难得亲口品尝这两种鱼的味道，因而越发显得稀罕珍贵。

"一鲳"（四指马鲅）   "二红鲦"（金带细鲹）

（陈葆谦摄）   （陈葆谦摄）

"三鲳四马鲛"，这两种鱼在厦门传统海鱼中排名靠前，其最大的特点是肉多刺少，这两种鱼除了一条中心脊长排骨，全身鱼肉并无细骨幼刺，而且鱼骨酥软，肉质鲜嫩，加上体被细小圆鳞，容易脱落，食前易处理，可放心食用，非常适合在渔船上食用。试想在海上紧张的生产劳作中，用餐时间是非常有限的，能够吃上鲳鱼与马鲛，算是改善生活，即讨海人所说的"船仔饭，好料鱼，吃了长气力、壮身体"。民间流传的一句谣谚"山里鹧鸪獐，海里马鲛鲳"，也应验了鲳鱼与马鲛的名气与身价。

"三鲳"（银鲳）   "四马鲛"（蓝点马鲛鱼）

（陈葆谦摄）   （陈葆谦摄）

"五鮸六嘉腊"，这两种鱼在本港传统海鱼的排名似乎有点委屈，因为它们早已排上了海珍名品的行列。鮸鱼的鱼鳔加工后称"鳘肚"，属海味八珍之一，无论是红烧、奶汁烩切还是太扒均为宴席佳肴，而且还有补肾、润肺健脾等药用价值。嘉腊学名"真鲷"，在厦门成名较早，是本港"钓粗"的首席代表鱼类，嘉腊烹饪后可谓色、香、味俱佳，本地风味食谱有"嘉腊鱼头烃白菜"，其头部有13块肌肉，与白菜一同炖汤，味道十分鲜美。其眼部窝底的肉风味更加独特，食后令人唇齿留香，因此被厨师们称为"味丰在首，首丰在眼"。

"五鮸"（鮸鱼）　　　　　"六嘉腊"（真鲷）（陈葆谦摄）

而今时过境迁，本港传统海鱼的处境已今非昔比，如果进行一次新的排名评选，恐怕会是面目全非了。

第九节　圆山福海斗繁华

圆山宫与福海宫原来是厦港渔区颇具规模的寺庙，在厦门岛上也负有盛名。旧时每逢元宵、中秋佳节或是妈祖、大道公诞辰，这里花灯辉映，社戏连台，渔家疍户扶老携幼前来点大烛，乞寿龟，祈求渔事平安和丰收，街巷里挤满人群，热闹非凡！据说两宫点的大香大的有柱子那么粗，最大的大烛有屋椽那么大，每对重达一百公斤，大香大烛上还彩绘有龙凤及八仙等图案。两座宫庙原本就很靠近，又都善于推陈出新，大造声势，故有"圆山福海斗繁华"之美誉。当时，还有许多唱和诗词流传下来，如清朝萧宝菜《鹭江竹枝词》有一首《看烛》写道："圆山福海斗繁华，三五良宵笑语哗，郎自看花侬看烛，要他喜结两枝花。"近代厦门诗人王金波有一首唱和诗："元宵烟火斗繁华，万点流星万朵花，蜡烛如香橼似柱，游人看到月轮斜。"还有一段民间歌谣唱的是佳节从圆山宫到福海宫一路上摆满的风味小吃令人大饱口福："油炸粿，烧甲脆；土豆仁，捧规把；福海宫，煎芋粿；圆山宫，蚵仔糜……"怪不得疍家男女老少憧憬着："香火腾腾福海前，心旌翻卷裂长天，神人原有灵犀份，盛典绵绵岁复年！"这些诗词歌谣，不仅描绘了渔港太平盛世时期疍家青年男女游览两宫的心情意境，而且展现了当时民间信仰习俗和节庆活动的一幅民俗风情画。

圆山宫建于明朝后期，最初由地方庙董集资创建，地址为现厦港圆山宫巷，该巷长 310 米，宽 2 米，条石铺路，街巷因宫而得名。关于宫名的来历，旧时流传说：圆山宫初创时叫凤山宫，原祀本保境主，

圆山宫的本境神祇"安建王"（陈葆谦摄）

称为"安建王"。因建在一个地头蛇家的大院里，初期曾被地方上的恶势力所把持，他们横行霸道，欺压民众，故意在宫前大埕竖起一支旗杆，连过往的文官都必须落轿，武官必须落马，普通百姓只好绕道而过。更为过分的是，这帮"角头好汉"夜里经常聚众闹事，花天酒地，还私设刑堂，闹得整条街巷不得安宁。这种严重违反道规的行为激起了民愤，民众强烈要求宫庙董事会出面干涉，并提出请迎"大道公"前来奉祀，以正压邪。传说，"大道公"来之前曾显灵说：凤山宫的信众多为渔家疍户，要把

宫庙坐山面海改为坐海面山，才能更好保一方平安。于是大家齐心协力先把原来的戏台建成宫庙，再把原来的宫庙改为戏台，方位一改变，那个地头蛇突然暴病不起，气焰全无。因而人们把"凤山宫"称为"转山宫"，叫着叫着后来竟衍变为"圆山宫"了。圆山宫在民国时期曾由蒋以德居士修茸并兴办"养正义学"。20 世纪 50 年代，这里是厦港渔区业余文化教育的"铁民校"，"文化大革命"时被毁。

福海宫建于清朝初期，主祀妈祖，地址为现厦港福海宫巷，该巷长 225 米，宽 1.5～2.5 米，块石铺路，街巷因宫得名。福海宫的来历也有传说：据说早期沙坡头渔港海滩上有块大石头，状似老虎，石头上有座小宫庙称为"虎仔宫"。有一次，一位姓阮的"尫某阵"（夫妻船）因触礁，把船抬到宫前修补，修好渔船准备出海前夕，夫妻俩虔诚地祭拜宫内的妈祖神像，并许诺如果将来发达，一

福海宫早时的讲古场

福海宫后巷的路牌（张青山摄）

定要重建寺庙。后来，姓阮的渔户真的从夫妻船扩建为连家船，直到发展为大钓艚，成为厦港的名老舣，他不忘自己许下的诺

言，联络了张、阮、欧三大姓，集资把"虎仔宫"建成一座厦港最具规模的寺庙，取其谐音改名为"福海宫"。但讨海人原先叫习惯了，大多仍称其"虎仔宫"。"文化大革命"期间宫庙被拆毁，现为厦港街道的一个文化活动中心。

"圆山福海斗繁华"在厦港热闹了两百多年，留存了两大文化景观。其一，开创了厦港以宫庙名作为街巷与社区名的先例。圆山宫与福海宫都是兴建于厦港渔家疍户最密集的地带，两座宫庙距离仅有 500 米左右。宫庙兴建后，周边形成了厦港的闹市中心，两宫搭建的戏台和广场规模较大，两旁自然形成小吃一条街，福海宫还有厦港最大的讲古场，圆山宫有书坊和茶庄，聚集大量的人气，很快就出现从口头

福海社区居委会（张青山摄）

流传到文字定调的街巷名称。圆山宫巷长 300 多米，福海宫前后巷共长 225 米，都比当时厦港保的所在地市仔街还长，在基层行政区域划分初期，福海与圆山是厦港保人口较多的两个甲，厦港当时的特色民居如李厝、杨厝（均为宗祠），还有蒋厝、卢厝及稍后的鹰哥楼等，都先后出现在这一带。1950 年开始的街政基层居委会建设，福海与圆山同时被选为居委会的名称，延续半个世纪之久。2003 年，厦港街道整合成七个社区，福海仍作为社区名称保留至今。其二，作为厦港民间信仰信俗的主要活动场所，福海宫与圆山宫丰富多彩的庙会文化，给厦港的人文历史增添了风

采。从清朝的康乾盛世到 20 世纪 60 年代，绵延两百余年的悠悠岁月，几乎每年的元宵、中秋佳节以及妈祖、大道公诞辰等庆典，圆山宫与福海宫的庙会争妍斗艳、热闹非凡，除了迎神赛会，还有连台的社戏、阵头表演以及具有地方风味的诱人美食，给厦港民众提供了一个欢乐祥和的节庆平台，特别是青年男女，更是欢欣鼓舞。相传有许多青年男女就是在庙会期间通过交往、约会，萌生情愫，缔结了美好的姻缘。当时产生的许多爱情佳话，有从事商贸的山顶（陆上）少年迎娶美丽的疍家姑娘，也有陆上姑娘自愿嫁给船上的讨海郎君。难怪老一辈的渔家疍户体会深刻：清朝初期颁布的所谓禁令之一，不准海陆通婚，这个闸门就是在神明的帮助下，在民间信仰信俗活动中被冲破了。

第十节　龙虎风云会厦港

在厦港玉沙坡的沙坡头与沙坡尾的交接处，即今厦港避风坞口，曾经发生一个海龙王与电老虎狭路相逢的传奇故事，颇有令人回味和联想之情趣！

明末清初，厦门是郑成功据守的基地。南明小王朝永历十六年（1662 年），厦港沙坡头渔港兴建了一座朝宗宫，因主祀四海龙王与海神妈祖，渔家疍户习惯上称之为"龙王宫"；清雍正年间，又在附近敕建一座主祀风伯神的风神庙；此后，又陆续兴建龙神庙、斗母楼等寺庙。清乾隆二年（1737 年），御赐风神庙匾额"惠应波恬"，乾隆五十三年（1788 年），又御赐朝宗宫匾额"恬澜贻瞆"，为同一地域的两座宫庙题写御匾，在乾隆朝乃少有之盛事，可见当时朝宗宫与风神庙之声名显赫！

玉沙坡原是海防要塞，设有文、武及炮台汛口；清康熙年间，"石浔司巡检署"和"泉州海防同知"先后移驻厦港，在玉沙坡设立接官亭；清乾隆年间，厦防同知蒋元枢在玉沙坡兴建一

清道光《厦门志》卷首的"风神庙与朝宗宫"

座盛世梯航天南都会牌坊；加上郑成功时期遗留的水操台，这里就形成了一个富有历史文化底蕴的集海防、宗圣、渔业、民俗诸多特色的文化中心地带。清道光《厦门志》载，当时，每逢岁时年关或是祈求风调雨顺，地方官员都要来此守护，举办"天藻辉煌，万民瞻仰"的盛典！

　　民国初年，从北京高等电科学堂毕业返乡的陈耀煌，发起在厦门岛上开办电气振兴厦埠的倡议，得到华侨资本和地方贤达的响应支持。他经多方勘察，认定玉沙坡朝宗宫一带是兴建电厂的最佳地点，因这里的潮汐涨落最适宜建筑煤炭码头。起初听说要拆庙宇建电厂，许多人怕这种由洋鬼子传进来的东西是"番仔面包不是龟"，反对的多，赞成的少，双方僵持了很久。后来陈耀煌通过上层头面人物做了渔家疍户"王爷会"（又称"佛祖会"）头人的工作，还派人到处宣传游说，允诺将来电厂发电后，渔家用电费用优惠半价，并在电厂旁边兴建一座新的龙王宫，把已经

厦港电厂——厦门最早的电厂（民国初年资料图）

破旧的朝宗、风神、龙神、斗母诸宫庙的神祇重塑金身集中奉祀。"王爷会"在征得"海龙王俯允"的前提下，也就作了顺水人情。就这样，厦门岛上第一家电厂的电老虎和龙王宫的海龙王终于在厦港狭路相逢了。龙虎相安无事，相处30多年，电厂高耸的烟囱和夜间的灯标还成了渔船进港入坞的指航标志。

　　1949年10月中旬，中国人民解放军挺进厦门，国民党厦门警备司令毛森眼看就要守不住厦门了，在撤退前夕竟然指使手下炸毁厦港电厂。10月17日凌晨四点多，正当解放军挺进厦门市区时，国民党特务下手了，他们不顾正在上夜班和护厂值班工人的劝阻，在三个发电机组上都安装了整箱的炸药，只听一阵山崩地裂般的巨响，电厂瞬间成为一片废墟，还炸死工人四人、炸伤七人。电厂被炸使龙虎相倚顿时缺了一角，龙王宫近在咫尺，也受到重创。当时渔港处于组织恢复生产阶段，正当考虑准备对龙王宫进行修缮时，1959年8月23日，特大台风正面袭击厦门，处于港湾风口浪尖的龙王宫首当其冲，没能逃过损塌的命运。而令人惊异的是，周边渔家疍民聚居的船厝渔寮，却大都安然无恙。人们传言是龙王宫以自己负伤之躯，抵挡了台风的肆虐，从而庇护了众多信众的平安。

"文化大革命"十年浩劫，厦港的宫庙几乎都成了"破四旧"的对象，许多神像都被毁坏焚烧。然而，令人难以置信的是龙王宫所供奉的神像却获得有心人的悉心保护，暗中辗转存放在多个渔家疍户的居所中。改革开放以来，特别是1987年台湾当局开放台胞回祖国大陆探亲后，一批从厦港到港台定居的乡亲陆续回来，获悉当年的神像完好无损，表示愿意捐资重建宫庙，促使了厦港龙王宫管委会和筹建小组的成立。据悉管委会首任理事长阮碰花曾受到神明的托梦，指示新建宫庙应选址于原先朝宗宫与风神庙附近。经管委会成员多方努力，在市各有关部门的关心支持下，批复同意在厦港民族路130号后门靠近沙坡尾避风坞的岸沿

清乾隆御赐朝宗宫与风神庙题匾"恬澜贻贶""惠应波恬"的复制品

（张青山摄）

重建新宫庙，新址与原址仅约 300 米之距。2000 年农历六月初六动工，2001 年农历十一月初八竣工，一座由港台乡亲与本港渔家疍民募捐集资兴建的龙王宫（通称妈祖龙王宫），以绚丽多彩、焕然一新的面貌重新出现在原先风神庙与朝宗宫的发祥地带。

海峡两岸妈祖信仰交流（一）（朝宗宫供图）

海峡两岸妈祖信仰交流（二）（朝宗宫供图）

　　近年来，在厦门市闽南文化研究会创会会长方友义和第二任会长彭一万等社科界文史专家的关心和指导下，积极开展了传承交流与创新的活动，多方发掘史料，复制御赐匾额，经申请恢复了"朝宗宫"的原名，使得历经三百余年沧桑变幻、几经损毁、数易其名的朝宗宫焕发出新的活力，续写了往日的传奇。

朝宗宫近年新建的"盛世梯航"石牌坊（张青山摄）

第四章　讨海人的风物轶事

厦港地产物华天宝，讨海人才艺非凡。这是许多专家学者在实地采风中的共识与评价。然而，风物涵盖了风光、风情、风貌、风俗与文物、器物、物产等，范围十分广泛。本章所述风物轶事选取的只是以往史志忽略的一组镜头，概括为"一珍稀"，即海洋珍稀动物中华白海豚；"二名产"，即本港名优物产带鱼与鱿鱼；"三街巷"，即通过早期的街市"以头续尾"的街巷，由寺庙衍生的街巷，凸显了厦港地名的独有特色；"四轶事"，即展现了厦港与台湾的地缘与亲缘关系，讨海人少为人知的在文化体育方面的技艺与风采。虽是碎玉零金，却也灿然可观，既能作为正史编外的故实，又是地方记忆的拾遗，别有一番情趣。因而有些资料被属地的学校选录为爱国爱乡的校本课程教材。

第一节　海上国宝"妈祖鱼"

厦门国家级非物质文化遗产传承人，有"讲古仙"称誉的范寿春老先生，曾经讲过一则白海豚勇斗鲨鱼解救疍家姑娘的传说，娓娓动听，令人心醉神迷，说的就是"妈祖鱼"名称的由来——

话说很早以前，鹭江港口漂荡着一只双桨小渔船，船上疍家父女两人相依为命。有一天，疍家姑娘看到父亲患病在身，就自告奋勇到船头抛网，因一时用力过猛，随着渔网撒开，姑娘一脚踩空，跌落海中。不料此时有一条凶恶的鲨鱼游了过来，猛然张开大口，咬住姑娘的脚趾，顿时血流如注，染红了一片海水。老疍民看到女儿在水中拼命挣扎，急得呼天唤地喊救命，情急之中，还大声祈求妈祖显灵解救。在这千钧一发之际，只见一群白海豚潜水赶来，

厦门海域的中华白海豚

与大鲨鱼展开搏斗，鲨鱼只得松口转身应战，两条白海豚乘机托起姑娘靠上船舷。老疍民看到女儿获救，跪在船上向白海豚不停地磕头拜谢！而其他白海豚则施展身手，围攻凶狠的大鲨鱼，有的腾空跃起，有的随波潜入，上下夹击，左右围攻，大鲨鱼节节败退，白海豚紧追不舍。这场翻江倒海的激战，惊动了厦门港口的各路水族，它们长期经受鲨鱼的欺凌，看到白海豚智勇双全，既解救了疍民姑娘，又打败了海上恶霸大鲨鱼，生怕其他鲨鱼前来挑衅。海龟将军指挥鱼虾水卒前来参战助威，号称"软氏三兄弟"的鱿鱼、墨贼、章鱼伸出长足，吸在鲨鱼背上，海蜇成群奔袭，附遮鲨鱼的双眼，而带有毒刺的"一魟二鲈三鲹鳇四臭肚五鲈六斑鳠七鲟八蚨九虾姑"与鲨鱼展开搏斗，轮番上阵，刺得鲨鱼喊痛求饶，向白海豚发誓从今以后不敢窜入厦门港，最后逃到大担岛外。从此，渔家疍户都把白海

沙坡尾避风坞口的白海豚石雕（张青山摄）

豚奉为江海女神妈祖的化身，孩子们称白海豚为"妈祖婆鱼"，厦门港口经常可以看到白海豚与渔船一齐进出的动人景观。厦门人也把看到白海豚视为吉祥好运的兆头，称白海豚为"镇港鱼"和"护港鱼"，悉心爱护这种海上精灵。

早在 1992 年，国家海洋局制定的《中国海洋生物多样性保护行动计划》中，就建议厦门港和珠江口建立中华白海豚自然保护区。中华白海豚是国家一级保护动物，被列入国际性的珍稀海兽资源，其濒危程度和保护难度不亚于大熊猫，因而又有"海上国宝"的称誉。

中华白海豚是海洋高等生物，属脊索动物门哺乳纲鲸目。它的躯体呈乳白色，点缀着细小的灰黑斑。腹部及尾部呈粉红色，喜欢三五成群在水面翻腾跳跃，令人赏心悦目。厦门海域是中华白海豚家族的一个传统活动区域，经实地考察，在这里栖息生长的中华白海豚约占世界总数的十分之一。海洋生物学家长期研究证实，中华白海豚是海豚王国中的佼佼者，具有极高的科研与实用价值，广泛应用于医疗、仿声、军事、物种进化以及生物多样性等多个领域的研究。在厦门港海域，老一辈渔家疍户对白海豚救死扶伤、助人为乐的传说津津乐道，有经验的船老舦还能根据白海豚游动的方位和海域，判断白带鱼、乌鲳鱼的洄游规律，往往能够满载而归。

1988 年，中华白海豚被定为国家一级保护动物。从 1991 年起，厦门就致力于申请组建一个

《厦门日报》刊载呼吁在厦门建立
中华白海豚自然保护区的文稿

珍稀海洋物种自然保护区，市领导十分重视，有关海洋专家、水产渔业部门及渔家疍户组成三结合申报小组，1997年8月获得省级批准，《厦门市中华白海豚保护规定》颁布实施；2000年4月，又获得国务院正式批准，联合组建为厦门珍稀海洋物种国家级的自然保护区；21世纪10年代，进一步在火烧屿建成厦门中华白海豚救护繁育中心，集救助、科普、科研、生态旅游为一体，成为保护中华白海豚的又一个新的里程碑。随着厦门城市品位的不断提升，在厦门海湾为中华白海豚、文昌鱼、中国鲎、红树林等海上瑰宝营造一个安详温馨的家园，成为建设一个现代文明城市的重要任务。

第二节 "桶篓围钓白"

带鱼，因其身体狭长且扁如带而得名，又因其皮薄滑腻且鳞白熠熠闪光，厦门人俗称其为"白鱼"。带鱼是我国传统海产，与大黄鱼、小黄鱼、墨鱼合称为"四大家鱼"，也是厦门海洋捕

带鱼购销场景

捞的主要经济鱼类，曾被列为厦门最大宗的高产鱼类，在厦门海洋捕捞史上创造了一个长达百年的"厦门钓白"时代，这个时代的重要标志，一是当时厦门钓业的水平代表了世界级的钓捕渔业先进水平；二是厦门春汛捕钓带鱼称为年度的"黄金鱼汛"；三是厦门钓艚渔船与"桶箍围钓白"称为闽南沿海渔船与渔法的典范；四是在物资匮乏时期，物美价廉的"白鱼"是厦门人民最喜爱的"平民大众鱼"。

物资匮乏时期的"鱼票"

带鱼属温暖性集群鱼类，一般栖息于海水的中下层，喜弱光，厌强光，有明显的昼夜垂直移动现象。厦门渔谚形容它"白鱼尾溜溜，一暝过七洲"，说明它游速极快。带鱼又以凶猛贪婪著称，古渔书记载："一鱼上钓，可得二三带。"厦门渔港也有"白鱼连尾钓"之说。但其实并非如此，事实上带鱼贪食成性，经常同类互咬相残，钓到一条带鱼咬住另一条带鱼的尾巴倒不常见，而是因钓饵系用带鱼切块而成，经常能见到钓上的带鱼嘴含一块同类的鱼肉或是钓上的带鱼已经缺了尾巴。

厦门港讨海人捕钓带鱼采用的是经过不断改进的延绳钓，所谓延绳钓，是一种钓绳不断延伸、钩钓不断增多，一条主干绳可连接成母子式多支绳多钩钓的兼作与轮作渔法。在长达百年以钓为主的生产实践中，厦港渔家疍民不断地有所创造、有所革新，把一种看似单调的钓捕渔法，演绎得有声有色、淋漓尽致！

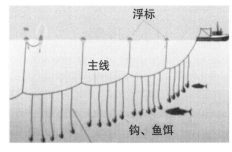

延绳钓操作示意图

延绳钓工具（陈葆谦摄）

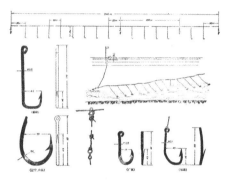

延绳钓鱼钩示意图

"桶箍围钓白"渔法讲的是用类似制作桶箍的方式方法捕钓带鱼，这种渔法当初是谁首创，今天已无从追述，但坊间流传有一种说法，说它是受到疍家姑娘特有的头饰"烟筒箍"的启示。原先采用带鱼延绳钓作业，一般有放钩、收钩、理钩几个步骤。当钓艚到达渔场后，放下子船（先是竹排后改舢板），子船上安排三人左右，分别做好切饵、装饵、理顺钓绳、浮子、沉子等事宜。当放完一筐钓绳后，子船回过头来，一人负责收钩（兼理鱼），一人负责搭饵（兼再放钩），一人负责摇橹（兼与母船联络）。这样周而复始，按部就班进行操作。这种钓捕方法，虽然也算循环有序，但明显的缺陷是子船回程时基本是空船，白白浪费了时间与资源。改用"桶箍围钓白"渔法，采取的是圆形或扁圆形的收放钓方式，放完一筐钓绳后，立马可以进入收钓阶段，既扩大了一倍以上的钓捕范围，又自然形成流水线操作，提高了生产效率。"桶箍围钓白"渔法最先传播到龙海渔区，进而推广到整个闽南沿海，据《东山渔业史》记载：1890年，东山岛"大舩"作业渔船曾聘请厦门港技术员黄亚寿前往指导"桶箍围钓白"渔法，从而开辟了新的渔场。20世纪60年代实现渔船机帆化后，每年春冬是钓捕带鱼的旺讯。春汛时在本港开展劳动竞赛，出现了"千担月，万担航"（即单船月产超千担，全港航产超万担，一担100市斤）的盛况；冬汛转舟山渔场，闽南钓艚的"钓白"不仅赶超闽东闽北的"大围艚网白"的产量，而且敢于与浙江当地的渔船一比高下。20世纪60年代中期，作业方式从钓业逐步转为灯光围网诱捕或单双底拖网，渔民在大船上操作，实现起落网机械化，大大降低了劳动强度。但从渔获的外观和质量来看，差别甚大："钓白"银光闪烁，仍旧保鲜；"网白"大多脱皮去膜，容易变质。因而市场上的"钓白"虽然价格明显高于"网白"，人们还是喜欢选购"钓白"。近年来，闽南沿海不少渔业单位已经恢复传统的"钓白"生产，以满足市场的需求。

捕获带鱼场景

带鱼肉质肥嫩，营养丰富，特别是带鱼的鱼腹部位，风味独特，厦门渔谚有"白鱼吃软肚"的经验之谈。用带鱼做成的菜肴色、香、味皆佳，有红烧、清蒸、白灼、油焖、红糟、盐渍等多种烹饪方式，各具风味，佐餐配酒，各取所好。

清蒸带鱼（陈葆谦摄）　　　　珠带酱油水

（陈葆谦摄）

带鱼还是重要的工业与医药原料。从其表皮银膜，可摄取咖啡因，作为照相工业和医药工业的原料，银膜经加工还可制成化妆品；带鱼体内含有一种"6-硫代鸟嘌呤"，具有治疗急性白血病、胃病以及淋巴疾病的医用价值；此外，带鱼肉还具有养肝止血等药效。

第三节　本港鱿鱼

厦门渔港的夏汛，正是鱿鱼的旺发之季。旧时渔谚有"四月八，鱿拥挤""赛龙舟、鱿咬须"之说。从海上返港的渔船上，晒满了鱿鱼干，散发着一股奇特的诱人香味……

鱿鱼是厦门的特产。历史上，鱿鱼与文昌鱼、江鱼仔号称厦门市水产三大名鱼，在国际市场上早就驰名。厦门鱿鱼肉鳍所占比例大，全身可食部分达98％，而且风味佳美、生脆，胜过日本等地所产鱿鱼，有"本港鱿鱼"之称誉。据民国《厦门市志》等史志资料记载，本港鱿鱼干、咸鱿鱼、鱿鱼膏，从清朝后期就大宗出口远销，在港澳一带以及东南亚各国享有盛誉。在国内，鱿鱼是北京、上海贵宾宴席上的佳肴，广州、南京、重庆、武汉等地需求量也很大。和平解放西藏时，厦门鱿鱼干还曾经作为福建人民馈赠藏族同胞的礼品之一，首次进入祖国的西南边陲。

新鲜本港鱿鱼（陈葆谦摄）　　　　　　本港鱿鱼干品（陈葆谦摄）

鱿鱼其实不是鱼，而是海洋中一种无脊椎的软体动物，属头足纲枪乌贼科，经海洋生物学家考证，其祖先是鹦鹉螺。鱿鱼为海洋生物中的佼佼者，其生理与生态特征表现出了很高的进化水平，特别是它的眼睛，有晶状体和调节晶状体的肌肉，与人类的眼睛已经有些相近；它的消化系统机能利用率相当高，能够把食物中50％的蛋白质转化为自身所有；它的游速很快，时速达150公里以上，有时甚至能像小火箭一样飞射出水面，这种独特的游姿称为"喷射运动"。科学界就是根据这一原理，仿生设计和制造了喷水船和其他喷射装置，应用于人类生产和生活的各个领域。

厦门的海洋捕鱿渔业已有一百多年的历史，过去一般是传统的手钓作业，产量有限。早时船上的"攫鱿鱼"作业，一般是兼作，船主与渔工的所得五五分成，由于鱿鱼特别是干品产值高，每逢发海，渔工夜以继日捕钓和加工，可多劳多得。但从鲜鱿鱼到晒成干品，过程十分不易。首先，必须将新鲜活跳的鱿鱼从腹部剖开，取出内脏，由于鲜鱿鱼内脏具有强烈的腐蚀性，操作时间久了，人们的手指就会感到麻木和抽痛；其次，要冒着烈日经常翻晒，不能受到雨水的淋浸；再次，要懂得妥善收藏，晒到足干后用布包裹，放在干燥且密封的缸桶里面，否则容易虫蛀或变质。

钓鱿作业示意图

鱿鱼是水产中的佳品，烹饪方式花样繁多：鲜鱿鱼生烫生炒，生脆可口；咸鱿鱼炒菜亦佳，令人吃了胃口大开；鱿鱼的内脏经过加工制成的鱿鱼膏，别有风味，尤为港台同胞和海外侨胞所喜爱；鱿鱼干香溢四座，是最佳的茶酒佐料，鱿鱼干还可作为药用，还是产妇的滋补食品。近年来，传统的"贡鱿鱼"手工技艺还获评为市级非物质文化遗产。

白灼小管（陈葆谦摄）

清蒸鱿鱼（陈葆谦摄）

白灼鱿鱼（陈葆谦摄）　　　　　　干炝鱿鱼（陈葆谦摄）

有段时间，有传鱿鱼含有大量胆固醇，多食对人体不利，特别是老年人，对食用鱿鱼产生畏惧心理。现经水产专家学者解读，这纯属误解。鱿鱼体内的牛磺酸，可抑制血液中胆固醇的含量，而且鱿鱼中的蛋白质含量高，十分适宜老年人食用。因此，只要烹煮得当，鱿鱼无疑是一种老少咸宜的美味佳肴。

第四节　早期第一街——市仔街

市仔街是厦港最早形成集市的地方，也是厦港最早的基层行政管理中心厦港保的所在地，因而被称为厦港早期第一街。

据史志资料记载：厦门早期街市集中在老城区周围，当时街市十分狭窄，民居稠密，架席片、薄板蔽日，熏蒸潮湿，疫疠时作。厦门当时划分为4个社，领18个保，厦港保是其中之一。早期四大街市即内街、外街、关仔（隘）内街及厦港市仔街。第一批主要街巷计 26 条，靠近城关内街的有 6 条，靠近鹭江的外街有 17 条，内外街之间称关仔（隘）内街，厦港称市仔街（两条）。三大街市均在厦门城关附近，只有市仔街在离城近三公里之遥的厦门港。由此可见，当时市仔街是作为厦港保所属街巷的首席代表，它的重要地位就可想而知了。

市仔街长 71 米，宽 2.9 米，块石铺路。现今的民房街道，已经过多次修整，但仍然狭窄潮

市仔街街景（一）（张青山摄）

湿，以今天的眼光衡量，十分不起眼。但在早期，这里却正处于厦港的中心地带。其四周的布局就是历史的印证：北面有巡检

市仔街街景（二）（张青山摄）

司、厦防厅衙等州县派出管理机构和海防治安部门；南面的玉沙坡被称为"海上咽喉"；西面是鱼行口街沙坡头渔港所在地；东面是配料馆、料船头对台对外行郊及渡口码头，与之毗连的南义和街和太平桥街有洋行、钱庄等金融商贸场所。而周围的圆山宫、福海宫、太平殿、朝宗宫、风神庙等，则是厦港渔家疍民信仰信俗的活动中心；特别是市仔街前的一片开阔地，称为南大埕，是厦港最大的民众广场，渔港的"开渔""谢海"等独特的节庆以及各种酬神祭祀仪式，经常在此形成庙会式的群体狂欢场景；

市仔街尚存的祠堂
（张青山摄）

而广场靠近码头的接官亭，连同一座雄伟壮观的"盛世梯航天南都会"牌坊，彰显厦港集军、商、渔港为一处的繁华昌盛。

市仔街附近街巷的门牌（张青山摄）

在以市仔街为中心的早期街市出现后，随着水产行业的发展和成龙配套，一批专营或综合经营的特色行业街巷陆续出现。如俗称旧鱼行口的鱼行口街，这是沙坡头作为渔港期间 29 家渔行的所在地；有专营石材石料，制作石碇、石沉子的打石市街；其他还有制作各种鱼钓的钓仔巷、纺绳打索的南打棕巷、供应民间信仰信俗用品的金新街等。

纵观厦港旧城区的人文历史，市仔街发挥过核心作用，为厦港乃至厦门的社会、经济和文化发展作出过突出的贡献。直至 20 世纪 30 年代初，贯穿厦港南北的通衢大道已经陆续开通，厦港的行政管理中心转移到民生路（今民族路）、大学路一带，自此仍然保留原名的市仔街地位一落千丈，铅华洗尽，就像一位年老力衰的老者，在静寂的小巷深处安度晚年。

第五节　地名叫"头"连成片

我国沿海岛屿港湾地名颇有特色，其中以"头、鼻、口、嘴"等命名的不少，一般理解为用人体的要害或五官来形容其地形地貌的重要和险要。厦门岛海岸地带也有一大特色，即"以头续尾"的地名特别多，造成连接成片的"头"，鹭江道沿岸原来有十多个地名，最后一字都是"头"。在这里，"头"为码头的通称，古为渡头，前称路头，后称码头。厦港的打石字渡曾经被编为十四码头，原厦港电厂被称为"电灯头"，厂外的煤炭码头曾被列为第十五码头。

厦港滨海，也有几个"以头续尾"的地名，从西向东排列依次是沙坡头、料船头、小埔头、中埔头、马鞍桥头、大埔头、大桥头。每个"头"说来都有一篇地名小故事。这些地名大都保留至今，成为一段历史的记忆。

一、　沙坡头

厦港古海湾临海原是一片海沙坡。清道光《厦门志》载：从蜂巢山望海，有玉沙如带，若隐若现，沙长数百丈，上容百家，风水淘汰，毫无所损，故称为玉沙坡。沙坡头就是玉沙坡的前半部，即从现今的虎头山下至厦港电厂，而电厂至厦大海滨就称为沙坡尾了。1928 年至 1932 年，随着海滨修筑堤岸和道路，沙坡头的玉沙和它的名称一起就此湮没了，可它却留给厦港一个时长近三百年的古老渔港和小避风坞。

沙坡头留下了当时的小避风坞关刀河巷（张青山摄）

二、　料船头

料船头之名起初由"尿船头"雅化而来，因为当时一水之隔的龙海农民，摇着"倒粗尿船"云集在这里贩卖肥料。但随着厦港成为海关青单口岸，特别是台湾驻厦机构在料船头巷内侧设立配料馆，即台湾驻厦办事处，形成了"船头馆口"的格局，料船头的身价大为抬高，把"倒粗尿船"排挤到港口的偏僻角落。从此，配料馆备办的各种好料，都在料船头装卸进出。至今，这两个珠联璧合的地名，印证了厦门与台湾亲密无间的关系。

三、　大中小埔头

三个埔头排列在蜂巢山下，埔是山脚的平坡地，在海水涨潮淹漫山脚时，埔头就成了十分简陋的码头，供渔船停靠，让讨海人起落。有趣的是，当后人进行路巷丈量时，却发现中埔头应该是老大，它有 380 米长，大埔头次之，长 160 米，而老三小埔头仅有 120 米。也许，当初起名并非以长度为标准吧。

中埔头建成厦港最大的菜市场（张青山摄）

四、 马鞍桥头

在中小埔头交接的突出部，早时有一座马鞍形的小木桥，这里集中了一些制造和修补小渔船的作坊。当时埔头与对岸的沙坡尾来往一般靠小船对渡，十分不便。后来沙坡尾避风坞形成，通往澳仔演武池的港道逐渐堵塞，每逢海水退潮之际，人们从马鞍桥头就可以蹚水过浅滩，成了两边通行的一条捷径。

五、 大桥头

大桥头在蜂巢山脚下，当时演武池拐个大弯流经现在的沙坡尾避风坞入海，山上驻军到海边防地，就需过桥。这里的大桥名叫山海桥，名副其实地连接着山与海。过桥即是沙坡尾的"山海关"了。这个简易的关隘，早期却是个海防要地，跨过关隘，就能看到厦防厅管辖的文、武、炮台汛口。近年来，此地开发房地产，楼房建成后取名为"山海花园"；海边的原水产造船厂的两个船坞上，则建起了厦门的新地标——世茂海峡大厦的双子塔高楼。

旧时位于大桥头的山海冰厂

大桥头的山海桥现已成"山海花园"（张青山摄）

第六节　小寺庙与小街巷

据史志资料记载，厦门岛内历史上曾有寺、庙、宫、殿以及斋堂等一百二十多座，尤以老城区为最，其中作为地名、路名的有四十余座。而厦港一带的小寺庙先后也有四十余座，作为街巷之名的有十余座。

旧时的厦门港一隅，可谓百步一宫、千步一寺，岩寺占山头，宫庙遍街巷。据不完全统计，除了南普陀寺、鸿山寺、碧山岩寺列入市属大寺庙外，以宫为名的有福海、寿山、圆山、妈祖、龙王、金王爷、钓鲒王、钩钓王、朝宗、大人、会福、永福、福水等；以寺为名的有海屋、华严、普照、庆福等；以殿为名的有龙珠、钦灵、太平、灵山、灵真、龙山、福佑等；以庙为名的有风神、龙神、关帝、山神、城隍等；以祠为名的有彭公、药王、延平郡王、贞烈义娘等。此外，还有安定堂、安庆堂、斗母楼、田头妈等。

清朝乾隆年间，厦门岛上有三座皇帝御赐匾额的寺庙，厦港就占了两座。乾隆二年（1737年）御赐风神庙"惠应波恬"匾额；乾隆五十三年（1788年）御赐朝宗宫"恬澜贻贶"匾额。当时，每逢岁序更替之际，或是祈求风调雨顺、渔事平安，一般都在此地举行有地方官员守护的"天藻辉煌，万民瞻仰"之盛典。

厦港众多寺庙与所在的街巷关系十分密切，正是寺庙的存在，繁衍派生了所在地和周边的地名、楼房名、企业名甚至社区名。厦门最著名的丛林禅寺南普陀寺，其左侧就有一条南普陀路，20世纪60年代兴建一片小别墅群，称为南普陀华侨新村，穿插其间的街巷叫南华路，居民区组建南华居委会（后扩大整合为社区），改革开放后，这里还创办了南华无线电器厂，房地产商又开发南华苑等公寓楼群。厦门名景之一的鸿山寺经多次修

缮，跻身名寺之列，所憾"鸿
山织雨"胜景，只能以人工景
观替代，在鸿山寺周边先后兴
建了鸿山大厦、鸿山新村、鸿
山花园，衍生了以鸿山命名的
酒店、游乐场、人防洞、电影
院及商场等，因而也整合成鸿
山社区。碧山岩寺的影响与辐
射范围甚广，先后有碧山路、
碧山小学、碧山教堂、碧山居
委会，近年来兴建的高层楼房
碧山临海，成为厦港楼市的地
标性建筑群。福海宫也是厦港
有影响力的寺庙，是厦门奉祀

厦门名景鸿山织雨（张旸摄）

妈祖的最大宫庙之一，出现过福海讲古场，福海宫庙会远近闻
名，现有福海前后巷两条小街巷，以福海命名的居委会也扩整为
社区，福海宫曾经还是厦港街道办事处的办公楼，现为厦港最大
的老年活动中心。

南华路华侨新村（张旸摄）

厦港小寺庙遍布,渔家疍民信仰信俗的形成有其历史与社会原因。在漫长的封建社会,讨海人长年累月面朝海水背朝天,大部分人生活穷困潦倒,他们上无片瓦、下无寸土,更谈不上有接受文化与科学教育的机会。由于社会地位低贱,生活单调,民间的信仰信俗正好成为他们精神上的一种寄托和慰藉。厦港早期渔家疍户先建小寺庙,后才有船屋渔寮,从水处舟居时期的虔诚崇拜,到岸上定居后形成宗圣中心,使厦港渔区的小寺庙与小街巷充溢着世俗性的信俗氛围。

如今时过境迁,由于"文化大革命"期间的损毁、港口的迁移、道路桥梁的建设、旧城改造、危房拆除等,厦港的小寺庙已所剩无几,但从尚存的街巷地名,如福海宫巷、福海宫后巷、圆山宫巷、大人宫巷、永福宫巷、太平桥街、碧山路、寿山路、寿彭路、南普陀路等,可以领略到厦港民间信仰信俗的遗存与演变。

只剩数间房屋的圆山宫巷(张青山摄)

只剩数间房屋的大人宫巷(张青山摄)

第七节 "船头馆口"连通台湾

厦门与台湾一衣带水,海峡两岸关系密切。清代《台湾府志》所载："台郡与厦门如鸟之两翼，土俗谓厦即台、台即厦"。1684 年设置台厦兵备道，台厦同属一个行政区划 44 年之久。而厦门与台湾鹿耳门作为唯一定点对渡港口长达百年。如果说厦门是对台交往交流的桥梁纽带，厦港玉沙坡可称为桥头堡，由于这种对台关系的历史渊源，人文地理和海洋空间的特殊优势，厦门港讨海人与台湾同胞的亲情缘分更加紧密。

老一辈的厦港讨海人，都熟悉"船头馆口连通台湾"的说法，流行"要到台湾去，先到船头馆口来"这么一句话。船头讲的是料船头海岸码头，馆口指的是设在此地的配料馆，相当于台湾驻厦办事处。翻阅《厦门市地名志》的地名词条，"配料馆巷，清台湾驻厦专司配运材料机关，配料馆设此（又称台湾公馆），巷因名"；"料船头街，为清代台湾驻厦机关配料馆装运木料的码头，街因码头而名，旧称船头馆口"。可见这两条街巷是毗邻相连的关系，两个地名都保留至今，不过如今已成为老城区人口稠密的居民区，而当年的海岸线已经向前推进了将近一百米了。

料船头街景（张旸摄）　　　　　配料馆街景（张旸摄）

连通太平桥和配料馆的隘门　　　　　　中埔头街巷

（张旸摄）　　　　　　　　　　　　　（张青山摄）

台湾公馆遗址（张青山摄）

实际上，清康熙二十三年（1684 年）在厦门设立海关时，厦港玉沙坡只是三个通洋渡台青单小口之一，其正口设在"岛美码头"。但由于厦港"船头馆口"口岸出入便捷通畅，官方办事机构即在岸边，且当时许多渡台物流货仓、军需物资库房均设在厦港巡司顶至不见天的山坡地带，河头池俗称南溪仔，可供小船乘潮汐上下，装卸货物十分方便，因而其业务功能大大超出小口范围。据清道光《厦门志·船政略》记载："厦门对渡台湾鹿耳门，向来千余号，配运兵谷、台厂木料、台营马匹、班兵、台饷，往来官员、人犯。海外用兵所需尤甚，然皆踊跃从事。"可见当时对渡与"台运"的热闹景象。老一辈讨海人回忆，早在海峡对渡期间，他们的前辈就利用鱼汛淡季或渔船往返之便，参与"台运"。当时的"船头馆口"及其周边的太平桥至鱼行口街，遍布着台湾的行郊与公馆，成为厦门最早的"五缘港"与"台湾街"。早期的厦门港名舵陈台湾、阮金生、苏银来等都是有名的"台湾通"，他们不仅开辟了台湾沿海多处新渔场，而且成为台湾行郊商家信赖的代理人。

旧时南溪仔

旧时对渡台运的渔商两用船

厦门港"船头馆口通台湾"在百年对渡后得以延续，海峡两岸渔家建立了深厚的情谊，由于家庭迁移，青年通婚，有的已在彼岸成家立业。厦港有许多名字叫台湾、澎湖、金门的讨海人，就是在当地出生的，他们把台湾视为第二故乡，即便是在两岸人为隔绝的年代，仍然保持接触与联系，海上相逢会面，有时互邀过船叙旧，互通有无，亲密无间。至于两岸渔家冒着风险抢险救灾的事例，更是不胜枚举。有时在紧急关头，渔船直接进入对方港口，早已将不能通航的坚冰打破。改革开放伊始，厦港沙坡尾就设立了厦门首批台湾渔轮停靠站，两岸实现"三通"后双方逐步开展了全方位、深层次的渔商合作与交流。

抢修台湾渔轮（李志鸿摄）

沙坡尾台湾渔轮停靠站（陈宗岑摄）

第八节　海蜃寺与"太平船"

2001年，厦港原打石市渡海滨，出土一方石碑，题刻《海蜃寺骸厂记》。碑文记载："寺之西偏，故藏骸所也，凡客殡于厦及台湾南北路历年运回骸柩未即归土者，皆权厝焉……"由此引出海蜃寺与"太平船"的一段历史。

海蜃寺原址在打石字海滨，清道光《厦门志》对这座寺庙及其一些配套设施，有较详细的描述：海蜃寺在乾隆十四年（1749年）建成后，"乾隆二十七年（1762年），台湾县夏瑚详设太平船专运流寓兵民棺骸，于海蜃寺内设棺厂收贮。由厦防同知移知原籍厅县，招各亲属认领，以一年为限，逾限即就厦地埋葬……太平船额式两号，一由厦防厅招募，一由台湾县招募"。后来，两艘太平船运来的棺骸骸罐堆积过多，而前来认领的却是少数，只好采取捐资买地掩埋。在厦港范围内，为主捐埋台澎成卒积存棺骸和台湾海峡漂泊无祀残骸的义冢主要有六处：一在南普陀左钟山下，嘉庆二年（1797年），厦防同知裘增寿会同水师中营参将李得胜捐，编立"安土敦仁"小碑；二在碧山岩左侧，嘉庆十六年（1811年），厦防同知叶绍荣捐，编"前因净释，极乐同登"碑石；三在南普陀右鼓山麓，嘉庆二十三年（1818年），厦防同知叶绍荣捐，编"山川钟秀，灵爽式凭"碑记；四在南普陀右侧，嘉庆二十五年（1820年），厦防同知咸成捐，编"佳城祥衍，仁宅绥安"碑记；五在南普陀左侧，道光元年（1821年），厦防同知麦祥捐；六在南普陀左东边乡之九弯圈山，道光元年，海蜃寺僧置灵。这六处捐埋义举，仅在嘉庆、道光两朝中的一个历史阶段，无记载的不知还有多少。由此可见，海蜃寺当时的主要功德是专运台澎流寓兵民棺骸停转祭祀，厦港一带也多处辟为积存棺骸及无主骸罐的掩骼埋骴之地。这从侧面印证了厦门与台湾在民间信仰信俗、灵魂崇拜中的认同，这也是一条维系海峡两岸情感的重要纽带。

　　厦港早期曾经是厦门岛上的一个殡管中心。清道光《厦门志》（卷二《分域略》）有载：厦岛有旧义冢二十九处，厦港范围就有虎头山、麒麟山、镇南关、太师墓、育婴堂、打石字、火仔垵、澳仔岭、演武亭边、沙坡尾等十处之多，皆为官府所置给贫民埋葬，无碑记可考。而据老一辈渔家疍民流传，沙坡尾早时有一处叫作"墓仔埔"的墓场，就是专门埋葬因天灾人祸丧亡的渔家疍户的地方。厦港范围的蜂巢山、碧山岩、五老峰、鸿山一带都有许多"掩骼埋胔"的墓地，前蜂巢山顶上原有18个墓圹，至新中国成立以后才作为无主坟墓移灵他处，此地却留下一个"十八窟"的地名。值得一提的是，在那特定的历史时期，由于海上征战不断，加上自然灾害的肆虐，使因战争而亡或因海难而亡的人大量增加，按民间信仰信俗的传统观念，这些海上游魂性本善良，由于居无定所，饥寒交迫，偶尔会作祟为害，因而人们应该体恤他们，想方设法施以掩骼埋胔之政，提供衣食，给予祭祀，让这些游魂孤鬼得以安宁，使恶魂转化为善魂。对此，厦门港讨海人感同身受，想到历年来渔船在台湾海峡遇到海难事故以及遭受特大台风，有多少渔家葬身海底。因而他们在每年的农历七月二十六日都要举办"水

"水普海醮"及"放莲花水灯"祭祀活动（张青山摄）

普海醮"，悼念历次海难的无主孤魂；在海上发现无主流尸或是在渔网里、人鱼腹中发现有人体残骸，都要视为"好兄弟"，带回港内妥善祭祀处置，并且对在海蜃寺的"太平船"举办的各种慈善义工活动给予大力支持。近年来，由厦港龙珠殿牵头举办的"海普习俗"已被列为思明区的非物质文化遗产，并恢复了在避风坞至港口放莲花水灯的济慈祈福活动。

第九节　武术、拔河与足球

提起武术、拔河与足球，仿佛是与讨海人风马牛不相及的事。令人意想不到的是，这几种体育竞技运动，都是厦门港讨海人的强项，在厦门体育竞赛活动中曾经名噪一时。

早在清朝中后期，厦门港讨海人就形成了一股尚武的风气。按他们的说法：这是被逼出来的，是一种抗争和自卫手段，回顾当时的环境，讨海人"出海三分命，上岸受欺凌"，为了争取基本权利，为了子孙后代的生存与发展，当时的渔家头人四处拜师学艺，练得一身过硬功夫，然后在港区组织青少年学习武术，出海时结队而行护渔护航，把讨海人打造成一个团结拼搏、同仇敌忾的剽悍族群。出现了民间流传的"球舣大闹厦防厅""老大寿舌战审判庭""晋舣舍身剿海匪"等传奇故事。到了清末民初，由于南少林派五祖鹤阳拳创始人蔡玉明和他的两个高徒翁朝言（人称大股欣）、杨捷玉（人称合师）十分同情讨海人的遭遇，以厦门港作为一个武术传习中心，先后开办了"鹤协"、"鹤武"（后转鼓浪屿）两家国术馆，使五祖拳在渔港扎根并传播，吸引了众多讨海人及本地青年，据传最多时广纳弟子上千人，厦门港也成了远近闻名的武术之乡。讨海人公开打出了"渔民国术馆"的旗号，培养了一批武功武德兼备的高徒，并学会了风伤骨科诊疗。他们不但传授技艺、行医济世，而且该出手时就出手，打下了一贯在渔港横行霸道的日籍台湾浪人以及码头地痞恶霸的嚣张气焰，也让龟缩在厦门港外几个岛屿的海匪不敢轻举妄动，有力地保障了渔港的安宁。

渔民国术馆练武青年合影（郭秋霞供图）

厦港渔区热心传授武术的
张亚彬（张清红供图）

医疗所渔民出身的风伤骨科
医师张汉章（张清红供图）

　　讨海人在海上渔业生产中拉网、收绳、摇橹，生来就是拔河的能手，因而对拔河运动情有独钟。他们开展拔河运动有两个高潮：一个是新中国成立初期，厦门连续几年在春节期间举办文体联欢活动，其中男子拔河竞赛有工人、农民、渔民等各阶层组队参赛，厦门港讨海人秉持天赋，稍加训练，一上场就让对手人仰马翻，只有码头搬运工人代表队堪称"劲敌"，而讨海人因独有的耐力和韧劲，多次笑到最后。好手张三福兼有武功，在队中充当"挡尾索"的角色，几个人都拔他不动，有如"定海神针"。另一个是改革开放后，市妇联、总工会、体委组织了几次"三八妇女节"女子拔河比赛，当时先在渔业公司范围内进行初赛，从中选拔好手组队，在强手如林中一路过关斩将，结果总能保二争一。

厦门市"渔业杯"拔河比赛部分参赛人员合影（陈宗岑摄）

女子拔河比赛场景（陈宗岑摄）

　　开展足球运动对讨海人来说有点偶然性，那是"文化大革命"期间，学校大多停课，有一批初中学历的渔家子弟下海捕鱼，业余时间结伴打球踢球，到"文化大革命"结束后，自发组建了一支篮球队和一支足球队。时任工会主席的阮亚宝因势利导，在厦门市开展基层足球联赛时，正式组建了一支以海上渔民为骨干的足球队，参赛后引起强烈反响，市领导和体育部门给予了热心支持与鼓励，安排市级知名教练前来指导。相关体育界人士认为：渔民平时出海生产，上下身长期运动不平衡，造成少数渔民走路呈"八字脚"，参加足球运动刚好可以调节、促进身体各个部位的健康发展，应予大力提倡。因而在渔区掀起一个开展足球运动的热潮，以讨海人为主体的足球队一战成名，从乙级队冲入甲级队，而且成绩不断提升，1990年后经常名列厦门市足球甲级联赛的前五名。如今，仍旧有一批讨海人的子弟，驰骋在厦门的绿茵场上。

一支以讨海人为主体的足球队（陈宗岑摄）

单位工会组织是足球队的好后勤（陈宗岑摄）

水产集团"华顺杯"篮球邀请赛参赛人员合影（陈宗岑摄）

第十节　载歌载舞剧团船

1962 年，《厦门日报》刊载资深记者李力（后任中共厦门市委副书记）采写的一篇通讯，标题是《海上渔歌漾碧波》，讲的是当时厦门海洋渔捞公社一艘"剧团船"开展文化宣传演出活动的故事。文章后来被《人民日报》转载，引起轰动效应，有省内外兄弟渔区专程前来参观取经，也有一些文艺团体的主创人员深入厦港渔区体验生活。时隔半个世纪，当年剧团船的主要演员张亚叶，如今虽然年过七旬，但仍然活跃在文艺舞台上，近年来，她先后参与疍民歌舞《欢喜船入港》、方言话剧小品《海峡亲缘》、歌仔表演《厦港文史好风采》以及郑成功文化节"疍民服饰秀"阵头的创作与表演，台前幕后忙得不亦乐乎！厦门的主要新闻媒体多次对她做了重点采访，当提起文化剧团船的往事，总会勾起她对那段难忘的如歌岁月的深情回忆……

张亚叶是厦港土生土长的疍家女，1947年出生的时候，父母兄姐都在渔船上，因母亲乳水不足，只得把她托付给一水之隔的龙海农家喂养，因而至今人们叫她"过水"的多，知道她真名实姓的少。八岁那年，她回到渔港，刚上船学捕鱼时真有点儿不适应，有一次出海不小心掉进海里，幸亏她父亲及时发现，把她从海里救上来。从此，她苦练海上生产的各项基本功，很快成为船上捕鱼的好手。在紧张繁忙的生产工作中，张亚叶还喜欢褒歌唱曲，特别是渔家疍民喜闻乐见的芗曲歌仔，逢年过节看了一出戏，下船就会唱得有板有眼。因而1960年单位筹建业余剧团时，她就和其他十多人首批被派送到当时的厦门专业剧团随团学习培训。由于勤学苦练，悟性又好，深得师长们的喜爱，短短数月，就初步掌握了旦行的多种角色。回港的汇报演出中，她出演《山伯英台》中的英台、《白蛇传》中的小青，都演得生动传神，普受好评。厦门芗剧团名旦李秀珍、老戏骨曾国生（反串彩旦）曾先后下放到渔区当编导，都把张亚叶作为重点培养对象精雕细琢，使她成长为业余剧团的台柱之一。

年轻时的张亚叶（左）（王荣源摄）

渔家女生产生活照（王荣源摄）

　　剧团初创阶段，由于前后台人员分散在海上五个大队的不同船上，每逢排练与演出活动，都得多方协调才能解决，十分不便。经过大家集思广益，提出一个将演职人员集中在一艘船上的设想，获得领导的支持，不久就专门配置了一艘文化船，把海上的所有演职人员聚集在一起，连演出道具、乐器、服装都带上船，让大家既能参加渔业生产，又可开展文化宣传。这艘渔船就像一个流动的剧团，人们习惯上称之为"剧团

讨海人排演的部分剧本歌谣

船"。当初渔区的业余文化生活较为贫乏单调，观看业余剧团的演出就是一种最好的享受，这种业余演员的本色演出，虽然比不上专业剧团，但在讨海人眼里，却出出精彩，因而剧团船所到之处备受欢迎，正是："海上渔歌漾碧波，满载鲜鱼满载歌，歌唱丰收喜眉头，歌唱幸福生活暖心窝。"

"剧团船的难忘岁月，正是我青春焕发的时期，也是我一生最充实的阶段。"张亚叶记忆犹新，那时候厦门市总工会的职工文艺汇演，文化馆的戏剧曲艺调演，水产系统的文艺评选，本单位逢年过节的慰问演出，参加军民联欢，还有应邀到兄弟渔区访问演出等，使剧团船应接不暇，除了排演传统的戏剧，还有本单位自己创作的说唱、表演唱及现代戏等，其中反映海上渔业生产、对敌斗争以及抢险救灾题材的节目更受欢迎，这些题材的节目中获奖的最多，影响最大。如《海上渔歌》《春汛战歌》《欢乐喜庆到渔家》《海上捕俘》先后获得市级文艺汇演的创作与表演

渔家姑娘唱新歌（陈宗岑摄）

奖，其相关报道登上了《人民日报》；芗剧《夜战群魔》、话剧《渔家沉冤》获水产系统文艺评选一等奖；芗曲表演唱《渔家歌唱丰收年》《九级浪》及一组反映海峡两岸渔家情谊的歌谣，被福建人民广播电台、海峡广播电台录音广播；与水产系统宣传队联合演出的大型歌舞剧《大海航行靠舵手》，被厦门人民广播电台作为优秀节目全程转播；《台湾，你是这么近》《相逢在台湾海峡》等反映两岸同胞骨肉亲情的作品在《厦门日报》刊登，作为厦门人民广播电台文艺部的长期保留节目，并由优秀播音员在《鹭岛诗会》上朗诵；《海上捕俘》被福建省话剧团、厦门歌舞团选中，作为蓝本进行再创作并进行公演。更为难能可贵的是：一批宣扬渔港好人好事、新人新风的短小精悍的节目，一经演出，许多唱段立即在港中流传开来，几乎是船船争相传唱，人人耳熟能详。经历剧团长期磨炼的张亚叶，在改革开放后担任渔民影剧院（俱乐部）分管业务的副经理，使原来的内部礼堂首次对外开放，开展影视剧放映及演出，兼营旅社、酒家，曾经办得有声有色、红红火火。

　　一艘独具特色的群众性文化剧团船，一批由渔家疍民所创作和演出的文艺节目，作为厦港渔区文史上的一段散发着草根芬芳的轶事，不仅永远铭记在疍家女张亚叶的心里，相信也留存在闽南沿海许多渔家疍民的美好记忆中。

渔家子弟演出的剧照（原渔民小学供图）

第五章 讨海人的红色记忆

厦门港讨海人有着光荣的革命传统和不屈不挠的斗争精神，他们用火与剑、血与肉铸就了一个千秋流芳、万代遗泽的精神港湾，在历史上留下了不可磨灭的红色记忆。

自渔港形成后的每个历史时期，讨海人演绎了一幕幕雄奇悲壮的史剧，产生过许许多多可歌可泣的动人篇章。早期的张球、张寿父子大闹清朝"厦防厅"和"审判庭"，为渔家疍户争取到最起码的生活和生产权利；张晋舍身剿海匪的传奇经历，至今还在民间广为传颂；1930年轰动全国的厦门破狱斗争的成功，其中也有包括讨海人在内的厦港进步民众的一份功劳；抗日战争期间，先后有四十余名讨海人为冲破日寇的水雷封港而英勇捐躯；厦门解放前夕，厦港人民在我党地下工作者的领导和组织下，奋力冲破黎明前的黑暗；新中国成立初期，轰轰烈烈的拥军支前活动，涌现了一大批英模功臣，在长期尖锐复杂的海防前哨斗争中，更体现了讨海人前赴后继、不畏艰险的大智大勇精神。

第一节 大闹"厦防厅"

清朝初期，封建统治者对渔民采取歧视和高压政策，讨海人被压在社会最底层，丧失起码的人权，过着牛马不如的生活。朝廷颁布限制渔业生产和强迫渔家迁徙的政策，地方又层层加码，增加了"五个不准"（即不准陆上定居，禁止海陆通婚，渔家上岸头不准戴帽子，脚不准穿鞋子，行走不准超越"镇南关"）。

其中不准渔家疍户定居陆上的规定，让许多因年迈而丧失劳力的老渔民，还得在船上饱受漂泊之苦。为了争取最起码的人身权利，厦港渔家头人张球率领讨海人奋起反抗斗争，发生了轰动一时的“大闹厦防厅”事件。

清朝“厦防厅”遗址（现今碧山岩一带）（张旸摄）

相传张球为人仗义、智勇过人，大家都尊称他为“球舡”。当他被推举为“头人”后，看到渔家疍户生活困苦，想到老渔民的悲惨遭遇，心里非常不安，就想出一个办法：发动大家把港中一些破旧不能出海的小船抬到岸边，搭上简单的顶篷，当作船仔厝，让老弱病残者有个栖身之所。统治者豢养的爪牙闻讯后，立即上报“厦防厅”，出动如狼似虎的官兵，命令渔家把船仔厝抬到水面上，否则就强拆或烧毁。球舡挺身而出，亲自上“厦防厅”申诉说理。起初，“厦防厅”的同知官见张球只身一人，便一声吆喝，列出两队目露凶光的衙役，意在使出下马威将其问罪。然而，张球并没有被吓倒，他大义凛然地站立堂前说：“我们讨海人也是人，应该过像人一样的生活，你们要吃我们捕来的鱼，抽我们的鱼捐鱼税，却不让我们在陆上定居，这是什么道理？"同知官听了球舣理直气壮的申诉，威风先自减了大半，但仍然强词夺理："这种规定是朝廷的命令，是祖宗的法规，不能随便改动。"球舣进一步驳斥道："什么命令和规定，还不是你们随便说了算。再说，我们把破旧渔船抬到岸边居住，又没有在陆地上盖房子，这算犯了什么法？"同知官没想到球舣这么厉害，被驳得一时语塞，恼羞成怒，正要发作，突然有个衙役上前禀告：外面来了一大群渔民，而且越来越多。原来，渔家听说球舣上"厦防厅"后，生怕他会吃亏，就奔走相告，一下子就在"厦防厅"外聚集了千余人。同知官往门外一看，果然黑压压的一群人，心更虚了，指着球舣责问："你想干什么……要煽动讨海仔造反吗？"球舣也指着人群回驳道："你看，我们都是手无寸铁的平民百姓，如果要造反，还来这里申诉？我们的要求很简单，只是最基本的生存权利。"同知官见众怒难犯，乘机下台说："不是要造反，你就叫他们都回去，待本官禀明上司，再作发落。"张球也随机应变，警告他说："我老实告诉你，不要把讨海人逼迫得太过了，弄不好，我们转移到别的渔港，更严重一些，造成官逼民反，对你们都没有什么好处！"

旧时避风坞周边的"后船仔厝"和"渔寮仔"

事情过后，清朝"厦防厅"自知理亏，但商讨了许久又没什么好对策，就这样拖延下去不了了之。渔家心里明白，这是球舣大闹"厦防厅"取得的初步胜利，从中也发现了团结斗争的力量。从此，厦港渔家就在岸沿搭盖起一排排的船屋，称为"后船仔厝"和"渔寮仔"，逐步结束了"水居之民""终岁舟俗"的生活困境。后来，渔家在张球和其子张寿的带领下，逐步扩大斗争成果，把统治者的陈规腐律一一推翻，终于获得了一些最基本的人身权利。

第二节　舍身抗海匪

草仔尾是金门岸沿的一处海滩，而晋舣是厦港早期讨海人拥戴的一位头人。在一段相当长的历史时期，厦门、金门以及闽南沿海一带的渔民，每逢渔船经过或是停靠草仔尾海面，总要在尾桅下举行祭拜仪式，以此深切悼念和缅怀护渔剿匪斗争的英雄——晋舣。

清朝统治期间，闽南海面动荡不靖。有一批起义抗清的武装流落沿海荒岛，时常袭击官兵；也有数股凶残的海匪，专门迫害手无寸铁的渔家，轻者掠鱼夺物，重者劫船绑架，甚至残杀无辜渔民，无恶不作，罪行累累。清廷虽然抽捐派款，名曰剿匪，实际上不顾渔家安危，官方水师遇到匪船跑得比渔船还快，结果，海匪越剿越多，成为海上的一大祸害。

晋舣当上厦港渔家头人以后，吸取了血的教训，决心发动全港渔民奋起练武自卫，在南少林派名师的指导下，厦港渔区掀起轰轰烈烈的练武活动，涌现出一大批武功高强的好手，成为远近闻名的武林之乡，晋舣就是其中的佼佼者。他运用一支大竹筒当武器，里面盛满尖利无比的铁屑，竹筒里飞出的铁屑打在匪徒身上，不是丧命也要负重伤。有几次海匪纠集力量骚扰闽南渔场，都被晋舣率领的渔民打得落花流水。从此，晋舣的大名威镇闽南沿海，封建统治者也乘机转移矛盾，赐封晋舣所在的船为"王帽船"，桅杆顶端呈官帽状，遇到官船可以平行而驶，不必避退。还派四名清兵作为晋舣的随从，让他在闽南沿海巡弋，为捕鱼劳作的讨海人护渔护航。

海匪对晋舣恨之入骨，作了长期的秘密准备，伺机报复。有一次，闽南渔场鱼汛旺发，渔家生产十分繁忙。海匪打听到晋舣身患重病，仍然出海护渔，就利用八艘伪装的渔船，采取突然袭击的办法，包围晋舣的"王帽船"。经过激烈的搏斗，晋舣终于寡不敌众被俘。海匪百般利诱，晋舣始终威武不屈。惨无人性的匪首竟然把晋舣绑

厦门钓艚桅樯上的"王帽"样式
（陈葆谦摄）

在尾桅上，将晋舣的竹筒削成锋利的竹签，硬是刺穿晋舣的身躯，将他活活残害至死。即使这样匪首还感到不解恨，故意纵火烧毁"王帽船"，妄图焚尸灭迹。

熊熊燃烧的"王帽船"漂流到草仔尾，金门岛上的渔家奔走相告，他们想尽办法抢下晋舣的遗体，悲痛万分地进行了收殓。从此，闽南一带沿海的渔家，自觉地定下了"草仔尾祭晋舣"的规矩，还规定不能用竹竿撑船，以此表示对晋舣最深切的悼念！后来，厦港的钓艚渔船，桅樯上面都仿照晋舣"王帽船"的样式，成为区别于外地渔船的一种独特的标志，一直沿袭至今。

第三节　配合厦门破狱斗争

　　1930 年 5 月 25 日，中共福建省委（当时省委机关设在厦门）发动了经过严密组织、科学计划和精心准备的破狱斗争。组成由罗明（中共福建省委书记）、王海萍（省委宣传部部长兼军委书记）、陶铸（省委军委秘书）、谢景德（省委组织部部长）、王德（共青团省委书记）等五人为委员，黄剑津（省委秘书长）任秘书长的破监委员会，并成立由陶铸任队长的 11 人特务队，采取突袭的方式，仅用 20 分钟的时间，就将关押在当时思明监狱的包括中共厦门市委书记刘瑞生、共青团省委书记陈柏生等党的重要干部在内的四十多位同志营救出狱。创造了以少胜多、毙敌多名而我方无一伤亡的战斗奇迹，充分体现了革命者的雄才大略和大无畏的英雄气概。

厦门破狱斗争旧址思明监狱旧大门

破狱事件发生后，经当时的许多新闻媒体如厦门的《江声报》、上海的《申报》等披露真相，立即震惊中外，在海内外产生了很大的影响。厦门作家高云览以此为素材，创作了长篇小说《小城春秋》，使这一壮举成为家喻户晓的经典革命故事。新中国成立后，厦门破狱斗争旧址得到保护和修缮，并对外开放参观，现已列为全国重点文物保护单位。这一斗争的胜利，是中国共产党武装斗争的传奇，是彪炳史册的红色革命记忆，激励着一代又一代人的革命斗争精神。

厦门作家高云览以厦门破狱斗争为题材创作的长篇小说《小城春秋》

电影《小城春秋》海报

厦门破狱斗争旧址位于现今思明南路453号，这里原为始建于清朝康熙年间的"海防同知署"的一部分，1912年改为思明县监狱。这一事件发生在厦港，厦港的地下工作者和外围组织基本群众以及进步力量做了密切的配合，取得十分完美的成效。根据一些老同志、老渔工的回忆，当时的配合工作主要有以下三个方面：一是接应出狱的同志，接应队按照确定好的联系人，几十步一哨，从监狱门口转入碧山路直达打石字渡口和关刀河小避风坞的码头，一路有专人照应，每人带领几位出狱的同志，迅速登上等候在岸边的两艘运输船，立即升帆出海，绕过鼓浪屿转向厦门岛西海域，驶向首站安置点——同安彭厝，然后再分批转移到闽西革命根据地。二是掩护特务队的同志，特务队完成突袭任务后，也立即被安排到基本群众家里，妥善处理好随身的武器，换上另外的服装，在方便的时候才离开厦港。据悉有一位特务队的同志来到作为掩护单位的渔民小学，当天虽是星期日没上课，但学校特意安排大扫除，几百名师生人来人往忙成一团，便于特务队的同志隐藏换装，特务队的同志打扮成头戴礼帽、鼻架眼镜、身穿府绸衣的绅士模样，然后大摇大摆地搭车离去。三是善后工作，当参加破狱的人员和被解救出来的同志都已经顺利疏散和转移后，有一些讨海人在监狱附近转悠和探听消息，他们的任务是

厦门破狱斗争旧址入口处（张旸摄）

122

做好善后工作，过了半个多小时才发现国民党当局派出一批军警出来清理现场和追查破狱人员的去向。有些群众故意与军警搭讪，虚虚假假乱说一通，使他们更加摸不着头脑，只好草草收场了事。

厦门破狱斗争旧址狱房内部（张旸摄）

厦门破狱斗争影雕《小城故事》（张旸摄）

1985 年 5 月 25 日，为纪念厦门破狱斗争胜利 55 周年，中共厦门市委党史资料征集委员会举办了"厦门 5·25 破狱斗争学术研讨会"，特邀尚健在的破狱斗争领导者罗明、王德等同志参加。两位革命老同志对厦门人民特别是当年厦港的革命基本群众配合破狱斗争的行动给予了很高的评价。

第四节　民族的仇恨

日军侵占厦门达七年又三个月，侵略者铁蹄蹂躏下的厦门渔港，被糟蹋得千疮百孔，民不聊生。老一辈的厦门港讨海人，对日寇所犯下的桩桩暴行，至今仍心有余悸、深恶痛绝⋯⋯

一、　封港悲剧

日军侵占厦门，有一整套的预谋与计划。首先出动先遣队，早在 20 世纪 30 年代初便派出海军以访问为名，到厦门港口耀武扬威，日本海军大将高桥三吉率大小军舰 76 艘，官兵 28000 人，在厦门港外进行大规模的"会操演习"；进而有军事特务船"秋风"号等长期在港口游弋窥探；有经济特务船"飞隼"号等专门搜集水产资源方面的情报，把厦门特产文昌鱼、鱿鱼等选取样品、制成标本带回研究；随后又利用台湾的日籍浪人充当先锋，组织"十八大哥"等帮派，以开设赌场、妓院、鸦片馆、舞厅等为掩护，干尽了抢劫绑票、行凶暗杀、刺探情报、窝藏军火、走私贩毒等坏事，形成了无孔不入的黑社会势力，气焰十分嚣张。

1937 年冬，金门、浯屿等岛屿先后沦陷，日寇开始对厦门港实施封锁破坏。

日军登陆厦门

厦门港渔家首先遭难，出海生产受到日军空中轰炸扫射，海上抓靠洗劫财物，日军甚至在厦门沿海布下水雷，强迫渔船停海。

1938 年 5 月 10 日，日军出动海、陆、空三军进犯厦门。翌日，即在厦门港进行了一场烧、杀、抢"三光"的恶行，凶神恶煞的侵略者纵火焚毁沙坡尾渔家聚居区的 105 间船仔厝，拆毁了民生路铁板屋渔家居住区，渔民小学、渔民国术馆、渔会和渔民娱乐部也都遭到洗劫或焚毁；渔民医院的医药器具被抢光。灭绝人性的日寇还以封港保安为借口，强行把厦门地区的一级钓艚 29 艘、二级钓艚 35 艘集中到浯

日军占领上李水库

屿岛海滩焚毁，来不及逃命的渔民不是遭枪杀，就是被烧死。当时整个渔港火光冲天、浓烟弥漫、尸横遍野……

以海为田、以渔为生的厦门港讨海人顿时断了生计，有的逃往鼓浪屿靠"难民粥"勉强果腹，有的困在岸边只能挖野菜充饥。不久，就陆续出现了卖儿鬻女、内迁外逃的惨象。

二、　水雷之祸

日寇封港两载，渔港成了"死港"，渔业瘫痪，大批水产商贩失业，市场上鲜鱼奇缺，广大市民怨声载道。由于当时渔业在厦门的经济地位十分重要，迫使日寇重新检讨其封港政策，于是日后组建了"全闽水产公司"，软硬兼施，诱逼渔民恢复渔业生产。面对沿海水雷所造成的严重隐患，厦门港讨海人毅然选择了"宁出海死，不屈辱生"的悲壮之举，星散各地的讨海人陆续回归，修船置楫，扬帆出海，沉寂多时的厦门渔港显露了生机。

　　果不其然，预料之中的水雷之祸接连发生了，从 1940 年 8 月至 1945 年 8 月，先后有 4 艘渔船触雷炸毁或沉没，死难渔民 42 人；1940 年 8 月间，张尾来渔船在东锭海面捕鱼时触雷，全船 32 人尽数罹难，其中包括张尾来一家五口；1942 年 10 月间，名老舣陈自来的渔船刚刚完成一天的作业，全船人员集中在后甲板吃晚饭，渔船在微风中缓慢移动时船头触雷，幸好因中帆升起防护着后甲板，渔船前半部被炸毁，船上渔民侥幸死里逃生；1944 年 7 月间，又有欧炎渔船触雷炸毁，渔民罹难 10 人，有一名叫黄廿六的渔民受了伤，因其水性很好，在游回厦门途中侥幸获救；后来，又有钟朝枝渔船被炸。这些事件在当时社会上引起了强烈反响，日寇的血腥罪行激起了厦门人民的强烈愤慨，最终迫使侵略者派出扫雷舰艇排雷。同时，社会舆论对厦门港渔民不畏艰险恢复渔业生产的举动评价甚高，42 名视死如归英勇捐躯的渔民，在厦门抗战史上留下了可歌可泣的一页！

日本军舰入侵厦门海面

三、 民族仇恨

　　日寇侵占厦门期间，渔业受创最巨，渔家遭受的苦难也最为惨烈，渔民们的生活处于水深火热之中。

　　封港期间，日寇布控十分严密，渔民上下船先得向日军岗哨行礼报告，搜身检查后才放行。横行无忌的日寇动不动就打骂渔民，公然侮辱妇女，还故意放出狼狗咬伤渔家的孩子。老渔民张文元因老伴病重，想上岸讨点药，被日军发现后用枪托乱打，张文元忍痛跑回船上，又被追来的日军拖走再打，直到打得昏死过去，两眼都瞎了，卧床两个多月无法起身。渔民张水条在鼓浪屿内厝澳摇小船，因语言不通听到日寇喊叫后不知所措，靠岸后被抓去罚跪并遭毒打，日军一手抓住他的头发，一手拔出指挥刀就要砍头，所幸指挥刀坠地，按照日军的习俗，张水条才幸免一死。

渔家恢复生产后，日寇对渔民仍不放心，出入港口均要查验，还规定进出港的航道和时间。渔民陈碰金在查验时日军认为他对答不清，就强令他们父子对打，而日寇在旁围观取乐。老舵阮石福有次因出入港签证逾期一天，被日寇抓去审问，见问不出名堂，日寇就在沙滩上挖坑，把他活埋下去，眼看快要断气了，才挖出来用冷水浇醒，然后再次逼供。老舵欧亚治的渔船有次返港遇到落潮，无法按日寇指定的航线进港，渔船搁浅在胡里山海滩，鬼子发现后，放出恶狗将他咬得遍体鳞伤。

由于日本侵略者惨无人道的各种行径，激起了人民的反抗，满怀民族仇恨的厦门港讨海人，也伺机严惩侵略者和汉奸卖国贼。有一次，一个汉奸深夜喝得酩酊大醉，被渔民打落到厦港关刀河，差点丧命。又有一次，一个日本军官被杀死在海滩上，日寇如临大敌，把港口的渔船包围起来逐船搜查，当看到渔民张水胜脚大，硬说其是当过兵操练时把脚练大的，不由分说用刺刀将其活活刺死，抛尸海里，不准收埋。像这样渔民遭受日寇欺凌迫害的事例不胜枚举，罄竹难书！侵略者倒行逆施，适得其反，渔家的怒火越烧越旺，用各种形式抗争报复，使得日军及其帮凶晚上不敢外出，大白天也要成群结队，草木皆兵，坐立不安！

于 1947 年出版的《厦门大观》记载："在厦港一隅渔民，战前悉赖海面生活者有五千余人之众，民国二十七年（1938年）厦门为敌盘占，海洋不靖，渔船辄有触雷沉没者，致使渔者难渔，一方航船复被敌伪强迫贱卖，欲渔不能，民不堪命，内逃者有之，饿毙者有之，至三十年（1941年）摸索于茫茫大海之间而半饥不饱之渔民，仅剩战前之半。"

第五节　阮安狮事件

1949年1月27日，厦港发生了轰动全市的"阮安狮事件"。事件由当时国民党统治下的厦港警察分局警长黄瑞发枪杀渔民阮安狮所引起，由于我党地下工作者发动各阶层民众给予声援和支持，广大渔民同仇敌忾、坚持斗争，最终取得了"伸张正义、惩治凶顽"的胜利！更为可贵的是因为事件影响时间长波及面广，对已经风雨飘摇的反动统治者是一次沉重的打击，因而被称为是厦门解放前夕震撼厦港、轰动全市的一声春雷！

一、警长行凶

1949年农历小除夕之夜，厦港避风坞里阮安狮的船上，几名渔工刚结完汛尾账，会计正要派发分红。九时左右，警长黄瑞发尾随一名手上戴金戒指的讨海人上到渔船，看见甲板上有一摞银圆，遂起不良之心，只见他拔出手枪威胁说："不许动，什么人喊叫就打死他！"说完，公然将渔民的血汗钱塞进自己的腰包。此时，船老舤阮安狮从鱼行借贷回船，走过跳板正要跨上船头，船上渔民见有人上船，便上前与警长理论，黄瑞发做贼心虚，生怕渔民人多不好对付，就先发制人，朝着船头开了一枪，阮安狮幸好躲过，见有"黑脚警察"在船，便大声喊道："你为什么无缘无故开枪打我?!"黄瑞发看到阮安狮没有被吓到，干脆一不做二不休接连再开两枪，子弹从阮安狮胸前穿过，他站立不稳，跌落避风坞中。凶手黄瑞发杀人后乘乱逃走。渔民急着抢救阮安狮，抬到医院时，阮安狮因被击中要害，已告不治身亡。

二、 渔民示威

阮安狮无故被杀的消息，震动了厦港，我党地下工作者闻讯立即介入。第二天，厦门有影响的《江声报》以《警长黄瑞发开枪击毙渔民》为题、《星光日报》以《陆上警长落海枪杀渔民阮安狮》为题，均刊发了新闻报道。阮安狮家里，前来慰问声援的人流如潮，当天下午五时，厦港渔民近千人自愿为阮安狮执绋，抬着阮安狮遗体的队伍来到厦港警察分局举行抗议示威。警察分局局长起初反咬一口说是"警长抓赌，渔民抗拒，他开枪自卫，打死人能怪谁?"气得在场民众群情激愤，把阮安狮遗体抬到分局大门口与荷枪实弹的警察对峙。为避免事态扩大，刚上台不久的国民党市长陈荣芳被迫前来表态，责令市警察局、社会科协同调查，暂将黄瑞发解呈法院听候处治。

厦门《江声报》等报刊及时刊发有关报道（资料剪报）

三、 团结闹庭

面对反动当局的拖延之计，我党地下工作者吁请社会贤达、新闻媒体、厦大师生、渔会、律师等进步力量，以事件真相印发告全市人民书，声援协助阮安狮的遗属张好腰到法院提起诉讼，要求严惩杀人凶手。但在初期几次开庭时，法官口口声声说张好腰诬告好人，凶手黄瑞发还到场作了"因抓赌被关进船舱，意载往港外填海，无奈才开枪自卫，属于误火伤人"的假证。原告变成被告，凶手反成受害者，张好腰听后气愤不已。后来，数百名渔民要求到庭旁听，知情人出面作证，各阶层人士派出代表参加庭辩，伸张正义的律师以事件的事实真相，把法官和凶手的无稽之谈驳得体无完肤，同时新闻媒体不间断地作了追踪报道。在强大的社会舆论压力下，迫使新上任的市长李怡星出面对死难者家属进行抚恤。5月5日，阮安狮事件才宣告了结，法庭最终判决主文摘要如下："厦港渔民阮安狮于1月27日被黄瑞发杀害，经地方法院三审五次侦讯，辩论终结。黄瑞发假借职务上之权力杀人，处有期徒刑十五年，剥夺公权十年……"至此，历经三个多月的阮安狮事件终于落下帷幕，虽然最终未能得到公正合理的解决，但在当时的社会条件下，可以视为是社会进步力量团结斗争的成果，成为厦门解放前夕震撼全市的一声春雷！

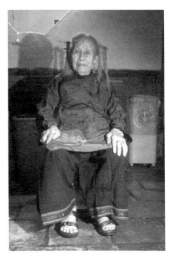

阮安狮遗属张好腰
（张青山摄于 2007 年）

第六节　黎明前的曙光

1949 年 9 月，人民解放军迫近厦门，国民党军队兵败如山倒，蒋介石亲临厦门调兵遣将，妄图把厦门作为溃逃台湾的最后一道防线。厦港地处港口要冲，更是遭受空前的劫难。早在 5 月份，即开始实行宵禁，出入厦门的船只均在浯屿检查登记。9 月 6 日，公然宣布为军运计划扣封全港渔船。9 月 14 日，强台风袭击厦门，被扣封的渔船因未能及时引避，招致惨重损失，被风浪毁坏 26 艘。国民党军队连普通百姓也不放过，为构筑防御工事固守抵抗解放大军，强行摊派厦港居民每户在 20 天内要缴交 60 斗的小石子，当时许多青壮年为逃避抓丁拉夫，大多已经逃往他处，在家的老幼病弱，负担如此沉重，无不叫苦连天！10 月 15 日，解放厦门岛的战幕揭开后，国民党军队开始作溃逃准备，马上把抓扣的渔船 29 艘，渔民 320 人先行转移到金门岛。特务头子毛森，竟然在厦门解放的前夜，下令杀害被关在厦门港监狱的我党地下工作者 17 人，又派爪牙炸毁当时厦门岛上唯一的发电厂——厦港电厂。使整个厦港处于腥风血雨之中，沦落至衰微破败的境地。

然而，面对国民党反动派的残酷统治和血腥镇压，富有革命传统的厦港人民并没有被吓倒。在当时我党地下工作者的领导下，先是以厦港碧山路 161 号作为联络站，1948 年初，由厦门大学的党组织直接联系，先后派出李玉璇、刘正坤、黄瑞成等人，通过厦港渔会文书林秋舫，在厦港特别是渔民中作了大量的工作。林秋舫于

林秋舫晚年照片（党的地下工作者，时任渔会文书）

（林良材供图）

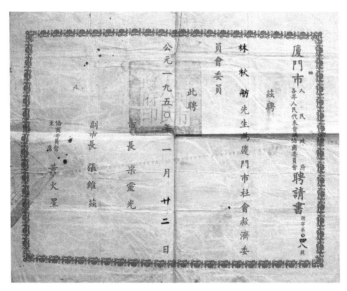

1950 年颁发的厦门市社会救济委员会聘书（林良材供图）

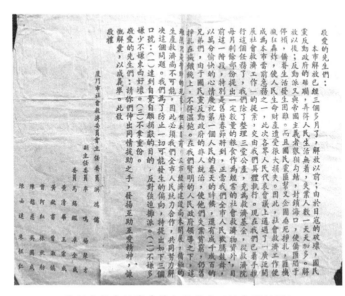

厦门市社会救济委员会号召书（林良材供图）

1932 年即参加厦门地下党领导的外围组织"革命互济会"，曾经作为厦门工人的代表，步行到江西瑞金，参加第二次全国苏维埃代表大会。1934 年 5 月经尤新民介绍加入地下党组织，是一位很有斗争经验的党的地下工作者。他利用打入渔会担任文书之便，扩大了渔民小学、养正义学等联络点，与厦大党组织密切配合，开办夜校，进行宣传共产主义和革命形势的教育活动，同时团结各阶层的进步力量，发动民众与反动派进行针锋相对的斗争，在阮安狮事件中发挥了很大的作用，取得了初步的胜利。在国民党军队抓夫劫船时，我党的地下工作者及时组织渔民进行抵制，保护渔民和渔

《解放前夕厦门港渔民的斗争》被收录文集《鹭江春雷》

船，经反复磋商确定对策，决定将停在避风坞内的 100 多艘中小渔船全部凿漏沉底，还组织 20 多艘大型一级钓艚及 600 多名渔民暂时转移到香港避难，大部分留港的青壮年渔民则采取化装分散逃离的办法，从而保护了大部分渔民的财产和人身安全，也是新中国成立初期能够组织恢复生产的基本保证。为对付国民党当局硬性摊派厦港人民打石子的任务，地下党通过各种形式，号召大家消极怠工，以工时紧迫、工具缺失等为由进行抵制，并揭发厦港区区长营私舞弊、贪污石子工款、放纵区内士兵蹂躏民众的事实，最终迫使反动区长下台。据老渔民陈枝福、张新团、张清德等人的回忆，他们在渔民小学就读或在夜校扫盲时就参加了地下党的外围组织活动，平时利用凌晨捡柴草的时机贴标语，或是利

用挑鱼担水时把传单藏在竹杠中，伺机散发。这些活动及时发动了民众，给摇摇欲坠的反动政权以有力的打击，取得了对敌斗争的良好成效，因而被誉为是冲破厦港黎明前黑暗的曙光！

第七节　支前立战功

1949年10月17日厦门解放。获得新生的厦门渔民，为了解放战争的需要，保卫来之不易的胜利成果，踊跃参加拥军支前活动。10月20日，就有十名渔民率先报名加入拥军支前活动，其中包括张芋如父子三人和张基父子二人。当时，厦门岛的对外交通全靠水路，因受到来自空中及海上的封锁和骚扰，厦门军民的粮食供给和军需物资的补充遇到了很大的困难。支前的渔民船工首先打通了厦门与龙海石码一带的水上交通线。紧接着，拥军支前范围扩大，在市船管局、总工会厦港工作队和渔协会筹委会的鼓励动员下，厦港渔区掀起了轰轰烈烈的支前报名活动，提出"要船有船，要人有人"的口号。厦港渔区立即出动大钓艚五艘，渔民五十多人，他们分别在鼓浪屿和高崎水域进行水上作战训练，为解放军指战员夜以继日地手把手传授摇橹、驶帆、操舵等技能和克服晕船的方法。讨海人和解放军结下了鱼水般的情谊，水兵野战大队流行一句顺口溜："革命要靠毛泽东，行船要看船舵公。"渔民钟招财教练成绩突出，

拥军支前船队

曾被评为先锋突击船的舵公。渔民欧木泉、阮亚发、张三发、张亚成等人还多次协助解放军执行侦察任务。1950 年 4 月，新成立的厦港支前委员会又动员三批共计一百余人参加拥军支前，出现了"人人争报名，船船争支前"的动人场面，妻子送丈夫，父母送儿郎，勇敢地走上了支前战斗的第一线。

　　1949 年 11 月和 1950 年 7 月，在金门和大担岛的两次军事行动中，支前渔民冒着炮火运送部队，战斗进行得异常激烈。钟招财、钟亚坤父子所在的先锋突击船首当其冲，两人在完成登陆任务时壮烈牺牲！四十多岁的钟招财虽身中数弹，但仍一手扶住船舷，一手紧握舵把；19 岁的钟亚坤牺牲时仍然死死地抓着帆索，身体都没有后倒。父子俩一往无前、视死如归的英雄气概感人至深！结束战斗后，厦门市人民政府召开革命烈士追悼大会，钟招财、钟亚坤被追认为革命烈士，颁发了由当时厦门市市长梁灵光签署的题有"新中国的奠基石"的荣誉证书。渔民欧木泉、阮阔在战斗中冒着枪林弹雨，在危急关头掩护救回十名解放军指战员，被评为一等功臣。欧木泉还光荣地出席了华东地区支前英模大会并受到表彰。其后，部分渔民入伍随军南征北战，在战斗中锻炼成长，有的晋升为团职干部。其中阮成根同志还参加了解放一江山岛和沿海剿匪等战斗，被评为一级司舵，屡立战功。

　　据不完全统计，解放初期拥军支前热潮中，厦门港讨海人计有二十多艘船、近三百人参加过各种支前活动，被追认为革命烈士的有钟招财、钟亚坤、阮来金、张再团四人；荣立一等功的有欧木泉、阮阔、阮添财、阮成根等四人；在二十多名二等功臣中，值得一提的有女渔民骆亚钗、张大呆等人；荣立三等功的有三十多人；荣立四等功的有九十多人。规模空前的拥军支前活动为厦港的革命史增添了光辉的篇章。

第八节　脱离金门回归

厦门解放前夕，国民党撤离时劫走的渔船大部分被禁闭在金门的后埔港。起初因看管不严，厦港渔船利用在金门沿岸捕鱼和岛屿之间的运输，先后有十余艘船跑回厦门或逃往香港。为防止厦门渔船逃走，驻金门的国民党当局特地设立了一个所谓的船舶管理所，派出一名副营长当所长，这个诡计多端的刘所长，对厦门渔船不仅日夜派兵监视，还派出爪牙下船看押，甚至把船上的老人、妇女、小孩留在陆上当人质。渔民钟亚才在金门岸沿被埋设的地雷炸断了半条

阮注成（后改名阮发银）

（阮朝叶供图）

腿，因无法送医治疗而死亡；渔民阮亚丁有个小孩传染上天花，也因缺医少药而病故，渔民如有怨言，动不动就会受到打骂或被关押。眼看在金门受奴役过着水深火热的苦难日子，厦港渔民已忍无可忍，他们更加思念家乡的亲人，暗地里商讨着脱离金门回归厦门的办法。老舺阮注成与船上的亲友精心策划了几套方案，并与其他船秘密联络，加紧做好各项准备工作。

1950 年夏天，正值台风季节，渔船要转移到"嘉礼头"一带避风，安排阮注成与江贼目两船一组，管理所派出 11 名官兵下船监督。阮注成首先以留陆渔民住屋破烂不安全为由，发动大家进行说理斗争，要求全部随船转移，看守人质的守军也想一起转移，也就顺机答应了。阮注成暗中与江贼目约定两船互相紧跟、伺机脱逃。渔船离开后埔后，原想往南通过浯屿岛返回厦门，但发现海面有金门守军的舰艇，只好在料罗湾附近转回北椗。在这

关键的时刻阮注成利用两船靠近的机会向江贼目船发出"帆索拉紧"的"动手"暗号，一场生死搏斗立即在船上展开！船上渔民按照事先布置的对策，占据各自有利的位置，这时，江贼目船上的一个副班长发现情况有异，对着阮注成船喊道："副连长，船上的人要造反了！"说完刚想跳过船，还在把舵的阮注成灵机一动，立即把舵一偏，突然拉开两船的距离，使副班长掉落海里。与此同时，负责对付副连长的阮旺成和阮再成一起扑向前去，试图夺取副连长手中的枪。三人抱成一团，在甲板上翻滚，渔妇阮美治刚好在附近，也迎上前去猛咬副连长握枪的右手，副连长来不及防避，就被阮旺成夺下手枪。船上还有金门守军官兵六人，看到他们的副连长已被制服，又被阮赐成拿枪指着厉声呵斥"谁敢乱动就开枪"，只好缴械投降。差不多同时，江贼目船上也结束了战斗，两船共擒俘国民党金门守军11人，缴获长短枪11支，手榴弹二十多颗和几百发子弹。为防国民党舰艇发现后追击，渔船就近驶靠晋江围头，当地人民解放军驻军和公安机关对俘虏和枪支弹药做了验收处理，发给证书。渔船回到厦门后，又受到有关部门的欢迎和表彰嘉奖。

第九节　碧海炼丹心

　　新中国成立初期，厦门渔民捕捞生产的主要渔场为闽南—台湾海峡渔场，有部分航线和海域暂时处于国民党军队控制之下。从 1950 年至 1964 年，国民党当局对我渔民

旧时渔船队

采取敌视和封锁政策，对出海生产的厦门渔船炮击 314 船次，击毁、击伤渔船 14 艘；打死打伤渔民 19 人，其中有老舵阮旺成、副舵阮查某先后在坚守岗位和掩护渔民中以身殉职；还劫走渔船 5 艘，抓扣渔民 32 人。

面对残酷的海上斗争，是退回来消极维持内海生产，还是想方设法积极扩大生产？通过开展反封锁、反炮击、反抓靠的学习和教育，广大渔民在斗争中不断总结和积累经验，采取"敌进我退，敌退我进，敌扰我避，临敌不惧"等策略，变被动为主动，进行有理、有利、有节的斗争！同时，摸清斗争规律、避开斗争高峰期实行转场作业，走南闯北纵横六省一市捕鱼场，使渔业生产和渔民生活质量逐年提高和改善。

根据厦门渔民海上斗争事迹编写的剧本

在尖锐激烈的反抓靠斗争中，产生了许多可歌可泣的事迹。1964 年 7 月 10 日，国民党特务组织伪装渔船混入渔场，采取突然袭击的手段，劫走厦港 101 号、406 号两艘渔船（作业母船），把正在海上作业的 18 只竹排 22 名渔民丢在汪洋大海中。母船被劫走，竹排上的渔民，望着茫茫大海该何去何从？敌占岛依稀可见，厦门岛距离尚远。若为确保安全，应就近投靠，但渔民心里明白，此举正好落入敌人圈套，台湾当局就会马上向全世界传播："又有 22 名大陆渔民弃暗投明投奔自由。"当时，18 只竹排尽量靠拢，22 人横下心：宁舍近求远，拼死也要回厦门！智勇双全的厦门渔民，统一思想统一行动，向厦门的方向进发，大家群

传统竹排（张青山摄）

策群力，运用平潮摇桨、逆流抛锭、顺流漂浮等方法，保存体力，饿了吃生鱼，渴了喝海水，甚至喝自己排出的尿。大家相互帮扶，凭着讨海人不屈的气节和坚强的信念，在险象环生的海上漂流 17 个小时，所幸遇到路过的兄弟渔船，才获救平安抵达厦门。

厦港讨海人碧海炼丹心，坚持海上抗争的非凡勇气和毅力，受到了人们的尊敬和赞扬。

第十节　捕俘显英豪

1965 年 8 月 6 日，福建东山岛兄弟屿海域发生一起海战，我人民海军一举击沉前来骚扰破坏的国民党军舰"章江"和"剑门"号。正在附近海域作业的厦港 402 号渔船，听到了激烈的炮声，还看到了划破长空的火光，老舵阮发明当即要求渔民密切关注海面动静。

当天中午，该船在"内层富粗"渔场生产时，渔民洪良才发现远处海面有两只大救生筏，上面有晃动的人影，立即向大船报告情况，阮发明马上发出信号，通知正在作业的竹排向母船靠拢。

这时，大船上只有老舵、副舵、轮机员、两名妇女和几个小孩。他们通过分析，认为对方很可能是海战后落水的人员。阮发明看到远处的竹排都已向大船驶来，俚胸有成竹地指挥渔船开足马力靠近目标。渔船围着救生筏盘旋一周，详细观察现场，发现筏上共有五名国民党海军官兵，其中两人手中有枪。看到对方疲惫不堪、情绪低弱，他就与年轻力壮的轮机员阮亚坤，带了绳索、鱼叉、三角刀，摇着竹排逼近救生筏，大声喊道："不准动，缴枪不杀！"被我军打得失魂落魄的国民党海军官兵，看到我渔民英勇非凡，后面又有大船压阵且还有许多竹排包抄而来，只得乖乖举手当了俘虏。

经询问，得知他们当中一名是炮官，一名是轮机长，还有三名士兵（其中一名因负重伤已死亡，放在救生筏上拖带）。阮发明和渔民告知他们我方优待俘虏的政策，递上饼干、水果，煮了一顿好饭菜招待他们，拿出干净衣服给他们换洗，并给受伤的俘虏包扎伤口。国民党海军官兵都深受感动，一再表示谢意！

厦门渔民民兵生产是能手，海上斗争当尖兵（王荣源摄）

当 402 号渔船海上捕俘凯旋时，整个渔港都轰动了。市委、市政府和省军区、厦门军分区联合召开了隆重的庆功授奖大会，授予 402 号渔船集体二等功，授予阮发明、阮亚坤一等功，洪良才、欧亚定、欧天平、欧亚绿、阮亚银（女）二等功。南海舰队司令部、政治部也召开军民庆功大会，授予 402 号渔船奖旗一面，上书"加强军民联防，共同捍卫海疆"。

阮亚坤荣立一等功的奖状（旧图稿由林婉琦修复）

事情过了二十余年，两岸局势已趋缓和。在台湾同胞回到祖国大陆探亲访友的人潮中，有两位当年被我渔船俘虏的国民党退伍官兵特意来厦门找阮发明、阮亚坤等人叙旧。他们对当年厦门渔民的宽待和帮助一再表示谢忱，同时表达了两岸早日和平统一的良好愿望。

第六章 讨海人的良师益友

厦门港讨海人是一个典型的多元复合的移民社会群体，他们在艰苦卓绝的社会环境中求得生存与发展。在旧社会，讨海人的处境是"出海三分命，上岸受欺凌""讨海人家世世穷"。直到新中国成立后，讨海人才真正改变了命运。长期以来，有一批富有正义感和同情心的人，给予这个弱势群体关注与爱护，为讨海人做了许多好事和实事，最突出的代表人物有民族英雄郑成功、民主革命先驱孙中山、华侨旗帜陈嘉庚等。他们的善行义举直接或间接地帮助了讨海人，也影响和带动了更多的人参与其中，因而他们被讨海人尊称为"贵人"。他们是讨海人心中永远难忘的良师益友。

第一节 孙中山题匾"松筠堂"

厦港料船头 16 号，是厦门名噪一时的百年老字号"松筠堂"药酒的创始人翁朝言的故居。走进厅堂，便可看见一幅由孙中山先生题匾复制的图片，上书"松筠堂"，落款为孙文。旁边还有一副相关的"松枝垂百世，筠操荫千秋"联对。

孙中山先生题写的"松筠堂"牌匾

　　松筠堂药酒是清朝末年翁朝言（别号"大股欣"）在厦港研创的中药滋补名酒，采用传统手法辅以现代酿酒的独特工艺，酒中含有百余种中草药，适量内饮外擦，有舒筋活络、行血补气、祛风除湿之功效，对风伤跌打疗效甚佳，因而民间通称其为"少林伤药酒"，习武者则称其为"少林练拳酒"，厦港一带还有"讨海人家传酒"的称号。松筠堂药酒不仅风行东南沿海，而且被日本侵占时期的台湾同胞称作"国酒"，甚至飘香

翁朝言先生

港澳及东南亚各地，普受广大台、港、澳同胞以及海外华侨华人所喜爱。

松筠堂系列药酒

　　据传翁朝言早年参加同盟会，积极支持并投入民主革命运动，集武术、医术、制酒等技艺于一身，深受孙中山先生器重。

孙中山先生亲自品尝过松筠堂药酒，赞赏有加，因而欣然为之题写堂号。翁朝言曾经把孙中山先生的墨宝"松筠堂"三个大字，以佳木刻匾悬挂厅堂，并印制在酒瓶包装上，从而使松筠堂药酒更加声誉卓著，驰名中外。

值得一提的是，2007 年厦门市在开展非物质文化遗产普查和申报活动中，思明区文化部门将"厦港疍民习俗"与"松筠堂药酒制作工艺"作为非遗名录项目同时申报。在编写申报文本过程中，评审人员发现两个名录都形成于厦港，因而对申报的成功起了相得益彰、互为增辉的作用，而孙中山先生的题匾"松筠堂"，无疑成为这一非遗名录的最大亮点。

松筠堂与厦港讨海人结下的缘分，民间作为美谈佳话流传至今：一是翁朝言的松筠堂扎根厦港，促使厦港成为一个武林之乡，维护了厦港社会的安宁与稳定；二是厦港渔家疍户闯荡四海，也帮助松筠堂药酒传扬飘香中外；三是松筠堂治病救人、扶贫助弱的医德武德，在广大渔家疍民中广为传颂；四是翁朝言先生热心厦港渔业的基础建设和社会公益，如支持创办渔民子弟学校、渔民国术馆、渔民

厦港料船头 16 号翁家故居（张青山摄）

医院、筹划沙坡尾避风坞的建造等，为渔区办了许多好事实事；五是松筠堂传人宣扬民族气节，特别在日寇侵占厦门期间，敢于

伸张正义，勇挫凶顽，有力地打击了侵略者和日籍浪人以及汉奸的嚣张气焰。如今，松筠堂药酒已由翁朝言先生的后人献出配方，由厦门酿酒厂接手生产，得到保护传承和创新发展。

第二节　鲁迅关爱厦港贫苦百姓

1926 年 9 月至 1927 年 1 月，鲁迅在林语堂等人的举荐下，应聘到厦门大学任教。他在厦大虽然只有短暂的 135 天，却做了不少工作。鲁迅在厦大的所作所为已经有许多回忆和纪念的文章，而他在厦港的活动经历，却少有人知。笔者根据有关文史资料和信息，经考证整理了鲁迅在厦港的二三事。

鲁迅在厦港的留影

第一件事，鲁迅关心厦港的贫民子弟，支持创办贫民学校。据原厦大附小老师李淑美回忆：她到厦大听鲁迅讲课，鲁迅曾与他们讨论如何创办一个贫民学校的问题，当先生听说当时的处境是一没钱、二没地点、三没主持人时，就主动表示说："找了地点，我出钱，你们学教育的同学出来组织一下。"在鲁迅的鼓励下，大家四处奔走，借用下澳仔许厝院落里的一间房，联系了厦港一带的渔民、农民等贫民子女五十多人，因陋就简办起了业余学校。正式开学时，鲁迅在百忙中抽出时间参加了贫民学校的开学典礼，并作了精彩的演讲，主要内容是说：你们虽然是穷苦人家的孩子，但是你们的智慧和有钱人家的孩子是一样的，希望你们努力读书，学好本领，将来才能为国家作贡献。鲁迅还抽空与贫民学校的学生家长们座谈。在离别厦门前夕，鲁迅先生还一再勉励大家把贫民学校办好，办下去！

厦港下澳仔许厝院落旧址（张青山摄）

第二件事，鲁迅关心中学生的成长。鲁迅多次到厦门的各级学校演讲，他曾从厦大步行到地处虎头山的中山中学作了题为"革命可以在后方，但不能忘记了前线"的演说。他因势利导地勉励中学生要谨记孙中山先生的教诲，把学到的知识当作革命武器，向一切旧思想，旧习惯，一切人吃人的制度，猛烈开火！中山中学有一些学生家住厦港一带，他们对这位穿着旧布长衫和布鞋爬山步行到学校演讲的鲁迅先生，有着十分深刻的印象。

第三件事，鲁迅体贴厦港的贫苦百姓。在厦大时，他多次到厦港的小店买香蕉。他写给许广平的信中提到这件事，不无幽默地写道：我去买时，倘五个。那里的一个老婆子就要"吉格浑"（闽南语一角钱）；倘是十个，便要"能格浑"（二角钱）了……好在我的钱原是从厦门骗来的，拿出"吉格浑""能格浑"去给厦门人，也不打紧。从中可以看出，鲁迅先生对小商贩这样的平民百姓，心里充满同情和体贴。

厦门大学鲁迅纪念馆（张青山摄）

值得一提的是鲁迅先生逝世后，1936 年 11 月 29 日，厦门市各界人士九百多人举行了一场追悼大会。会上根据鲁迅关爱厦港贫苦百姓和热心开办渔区贫民夜校的经历，还曾作出一个提案，建议把厦港靠近厦门大学门口那段路命名为鲁迅路。可惜因当时厦门的时局混乱，市政当局没人理会这一提案，因而会后就没有了下文。

第三节 林惠祥与讨海人的不解之缘

厦港的历史记忆，离不开一位大师级的
人物，他就是享誉海内外的著名人类学家、
民族学家、厦门大学教授林惠祥。他的考古
发现、科研成果、学术贡献、调查报告，还
有华侨博物院的选址建议，有不少涉及厦港
的人文历史以及疍民习俗文化，不仅影响和
惠及厦港，让外界进一步认知和了解厦门港
讨海人，也使厦港人知道除海洋渔业之外，
厦港还有更加丰富的历史底蕴和多彩的文化
内涵。

林惠祥教授
（1901—1958）

林惠祥教授在厦门大学学习和工作长达 25 年，厦大毗邻厦
港，厦港的地理风貌、民俗风情，使林教授对这份热土多了几分
关注，几次看似偶然其实必然的机遇，让林惠祥与厦港讨海人结
下了不解之缘。让我们一一揭开那些尘封的往事——

早在 20 世纪 20 年代末，林惠祥教授就多次在厦门本岛从事
史前文化遗址的田野作业和考古工作，成为厦门岛上新石器时代
文物的最早发现者。1931 年，他曾在地处厦港的蜂巢山斜坡上发
现一件新石器时代的石锛，后来又在南普陀东面的斜坡上发现一
件刃部残缺的石锛，1952 年还在厦大建南大礼堂址基石中，采集
了三件陶片，1953 年又在该地附近发现一件石斧。这些发现，进
一步充实了他对我国东南地区古闽越族新石器时代文化特点的论
断，从而也证实了厦港蜂巢山海岸线一带是厦门岛上三千多年前
人类渔猎活动史前文化的一个发祥地。

1934 年，林惠祥撰写的名著《文化人类学》由商务印书馆出
版，风行一时，得到一笔稿费。他首先想到的是这笔稿费的用途

最好是创建一个人类学标本陈列室。为此，他选择在第一次发现史前新石器遗物附近的厦港顶澳仔，建造了一座占地 74 平方米的二层楼房，并在楼前亲手栽种了一株玉兰和一株木棉。楼上住家，楼下几乎全部作为他所采集到的人类学、考古学标本（计三百余件）的展室。不仅他的学生，还有厦港一带的中小学，都组织师生前来参观学习。林教授经常亲自讲解，热心传播和普及人类学与考古学知识。

1950 年，林惠祥教授应厦门市统战部的邀请，带领助手和学生深入厦港作社会调查。针对新中国成立初期社会上对厦港渔民大部分来自"疍民"和清朝初期曾把渔民列为"疍族"的种种说法，经专题调研，梳理清楚了厦港渔民的由来和主要民族成分的构成。林惠祥教授与他的助手陈国强写了《厦门港渔民的调查》报告，指出"疍民"泛指水居之民与旧社会漂泊不定的流浪群体，并非指某一民族。对当时处于海防最前沿的厦门港，起了稳定民心和社会秩序的作用，为后来组织恢复和发展渔业生产作出

厦门大学人类博物馆（张青山摄）

了很大的贡献。

1951 年至 1952 年，已和厦港讨海人成为朋友的林惠祥教授，经常利用假期到厦港一带走街串巷，开展民间采风，并采撷了一批疍民早期服饰，包括大陀上衣、女式绣衣、笼裤、夹袄、长巾头帽、帽窝子、肚兜、桨水鞋等，准备在正在创办的厦门大学人类博物馆展出。有一次，他经过大埔头时，看到厦港名舣陈乌糖家门口有一艘似曾相识的独木舟，经向陈乌糖详细了解后，知道是陈在台湾海峡渔场捕鱼时发现特地捡回来的。他非常详细地对独木舟进行考察和鉴定，断定与他亲临台湾高山族地区考古时所发现的原始独木舟几乎一模一样，这艘独木舟对于研究台湾高山族的历史文化以及海峡两岸民间交往很有价值，林惠祥教授便与陈乌糖商量，将其无偿送给厦大。从 1953 年厦门大学人类博物馆正式对外开放至今，厦港疍民服饰与讨海人从台湾海峡捎回的独木舟，一直都是展馆里独具特色的实物展品。林惠祥与厦港讨海人的交往，著名教授与普通渔民的真挚情谊，也成为美谈佳话而流传于世！

厦门大学人类博物馆展出的厦港疍民服饰（张青山摄）

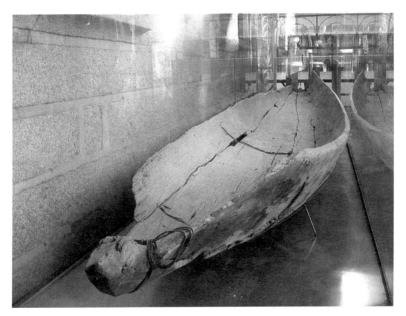

厦港讨海人从台湾海峡捎回的独木舟（张青山摄）

第四节　陈嘉庚创建华侨博物院

在厦港后蜂巢山麓西侧，思明南路与蜂巢山路交汇处的北面，有一座中西合璧典型"嘉庚风格"的标志性建筑，洁白的花岗岩墙体，斗拱飞檐上覆盖着琉璃与红瓦，主楼前精心布局的园林庭院，正面是仿古牌坊，在蓝天白云的衬托下，显得分外庄严肃穆而又气势非凡，自 1959 年竣工落成后，即成为一座超越地域和时空、具有历史意义和社会作用的"侨史大观博物宝库"，这就是被毛泽东主席誉为"华侨旗帜，民族光辉"的

陈嘉庚先生
（1874—1961）

151

陈嘉庚先生亲自倡建的全国首家华侨博物院。

1956 年，陈嘉庚先生撰写了《倡办华侨博物院缘起》，指出"博物馆是文化教育机构的一种，与图书馆、学校等同样重要，而施教的范围更为广阔"。为此，他首先认捐 10 万元，又带动侨界捐资，总额近 40 万元，在当时可谓是一笔巨款。他还精辟地阐述了倡办华侨博物院的目的：是为了表达广大华侨热爱祖国的深情厚意和作为华侨与国内人民感情联系的纪念，同时有助于普及社会主义文化教育与科学研究，有助于国内人民对华侨、侨居国风土人情的了解，并促进其文化交流。

陈嘉庚先生还以他的远见卓识，对华侨博物院的选址和规模指明了方向，提议馆址可设在华侨出入国的港口，既可给国内人

华侨博物院外景（张旸摄）

民公共应用，又可给归国华侨观览。对总体规划提出以院为总称，院下设馆。甚至对馆藏和陈列内容都有很多科学而独到的见解。在具体实施中，陈嘉庚知人善任，诚邀曾担任他秘书的厦门大学教授林惠祥编制建院大纲。林惠祥时任厦大历史系主任兼人类博物馆馆长，他是厦门大学首届毕业生，在人类学、考古学、民族学、历史学、民俗学诸多领域多有建树，向来以校主陈嘉庚为楷模，十分敬佩陈嘉庚先生的爱国精神和高尚情怀，因而对陈嘉庚的建院宗旨心领神会，用心编制建院计划书，他提出两点建设性建议：一是提升华侨博物院的起点，分期充实内容，院内可陆续设立华侨与南洋、人类、资源、动植物、工农业等专题展馆；二是地点宜选在厦大附近，最好在人文历史深厚的厦港渔区。这些建议获得陈嘉庚先生的赞许，并上报有关部门批准。

华侨博物院选址厦港，为厦港增添了秀色和光彩，原来称为"番仔墓"的山坡和坟场，变成了雄伟壮观的华侨博物院。60年来，华侨博物院占地面积增至三万余平方米，建筑面积增至五千

华侨博物院展出的厦港能工巧匠制作的船模（张青山摄）

余平方米，展品增至近万件，其中不乏国宝级的珍贵文物和艺术品。华侨博物院成为国内第一个以华侨命名的专题博物馆，被公认为是世界上历史最悠久、规模最大、内容最丰富的华侨博物大观，在海内外产生广泛的影响。2008年，华侨博物院荣膺"国家一级博物馆"，并被列入全国爱国主义教育示范基地和厦门大学等高校的社会实践基地。值得一提的是，华侨博物院遵照陈嘉庚先生强调要体现地方特色的嘱咐，不仅融合华侨文化、海洋文化、闽南文化的特色，而且融入了厦港渔家疍民的元素，在首展中即展出厦港讨海人捕获的一条"大鸽仔鲨"的标本，在近期的展览中，展出了一对玉沙坡信众下南洋后在新加坡天福宫还愿答谢妈祖的木烛台，还扩大充实了厦港能工巧匠制作的船模。更加可贵的是，华侨博物院在开放办院的同时，还提供了园林庭院的宝贵资源，使周边居民和游客，增加了一处健身和休闲活动的好场所。

从玉沙坡带到新加坡的烛台（张青山摄）

第五节　颜西岳与渔业生活行

　　爱国侨领颜西岳，1905 年出生于金门县，1924 年从集美学校商科毕业，1931 年出国到南洋经商。抗战期间，他致力于华侨抗日救国运动，抗战胜利后参与投资新加坡《南侨日报》与印度尼西亚《生活报》等华文报纸。新中国成立后，他于 1952 年卖光海外财产，举家回国定居厦门。他对许多华侨亲友说："祖国百年耻辱一扫而空，海外游子扬眉吐气，趁筋力尚健应该回来略尽绵薄之力。"为此，他动员了一批批华侨友人来厦参

颜西岳先生
（1905—1991）

与投资兴业。他长期担任厦门市侨联主席，曾任全国政协委员、侨联常委，福建省侨联副主席，福建省金门同胞联谊会会长，厦门市人大常委会副主任，厦门市人民政府副市长等职。颜西岳先生用毕生心血支持促进厦门建设和侨务工作，是知名侨领，深受厦门人民爱戴。颜西岳先生于 1991 年逝世，他在厦门 40 年间倡导和参与创办一批企业和学校，至今仍在厦门经济特区的建设和发展中起着重要作用。老一辈厦港讨海人都认识颜西岳先生，认定他是帮助讨海人的一位"贵人"，他在厦门恢复发展渔业生产和水产行业的初期所作的贡献以及创办完善渔区中等教育事业的贡献，也永驻讨海人心中，为人们所称道。

　　厦门解放初期，渔业生产因战事停顿，在连续遭受日寇蹂躏和国民党摧残破坏后，处于衰微破败、奄奄一息之境地。又因厦门地处海防前线，支前拥军任务繁重，动员了一部分渔民与渔船投入支前运输工作，厦门渔港虽然相继成立了渔业推进社和鱼市场，组织和恢复渔业生产与供销的两大环节，可资金严重短缺是

当时最大的难关。在此关键时刻，颜西岳先生挺身而出，在侨界发动了振兴渔业的投资活动，他首先与李彩銮等筹资创办渔业生活行，扶持一批渔业后勤修造作坊以及渔需物资供应厂商，促使渔港呈现出新的生机，接着又动员侨商陈大栋、林忠凯等投资兴办了公私合营厦门海洋渔业公司（又称远帆高级渔业生产合作社），颜西岳先生引进新加坡等地渔业股份企业的财务制度和管理人才办法，发行股票，受到侨界的热烈响应。远帆高级渔业生产合作社由于资金雄厚，又集中了陈乌糖等几位港中名

颜西岳创办的渔业生活行原址

（张旸摄）

公私合营厦门海洋渔业公司发行的股票

舨，短短数年，成为全港渔船最多、最大，产量最高，效益最好的渔业生产领军船队。直到1959年3月，厦港七个高级渔业生产合作社联合组建厦门海洋渔捞公社，划分五个生产大队，原远帆社的渔船都成了船队骨干，发挥了模范带头作用，为厦门海洋渔业的快速崛起打下良好基础。

也是在投资发展渔业生产的同时，颜西岳先生发现厦港渔民子女的教育存在较大问题。厦港虽然在1922年就创办了全国最早的渔民小学，学校的经费从渔获产值中提取千分之八，但由于厦港长期没有一所正规的中学，中等教育严重滞后，渔民子弟要上中学，距离最近的只有双十中学，而双十中学是厦门名校，录取学生要求较高，渔民子弟能上双十中学的为数不多，因而形成了大量讨海人家的男孩读完小学就下船当学徒，女孩更是大多只读到初小。颜西岳先生在力促厦港创办中学时期刚好有个转机。当时，他在创办华侨托儿所、幼儿园之后，紧接着规划了华侨子弟补习班，借厦门青年会等几处场所办学，十分不便，他不辞劳苦多方奔走，申请将补习班升格为一所完整的华侨中学，终于1958年获得厦门市政府批准，在选择校址时，他力主选择在厦港

厦门华侨中学（张旸摄）

新村建设，在颜先生的眼中，厦港也是厦门的主要侨乡之一。从此厦港才有了一所规模较大、设备齐全的中学，重点招收华侨子弟同时也兼顾厦港的渔民、居民子女以及毗邻的厦大教职工子女。就这样，厦港讨海人的子女也能就近接受中等教育。如今，华侨中学已经走过 60 年历程，有一大批渔家子女通过华侨中学的培养，升上高等学府，成为社会栋梁，提升了厦港地区的文化素质和教育氛围。颜西岳先生对此居功甚伟，他所付出的心血终于获得回报。

第六节　俞文农领航海南岛

　　1958 年"8·23"炮战后，在美国的支持下，蒋介石变本加厉强化控制和封锁从闽南到台湾浅滩的渔场，对我出海生产的渔船进行炮击、扫射和劫船抓人。当时的厦门港有远帆、前锋、前进、胜利、和平、团结、劳动、五一、建设等高级渔业生产合作社，大小渔船近百艘，渔民三千余人，出海生产的传统渔场顿时陷入了困境。渔业作为厦门当时主要的支柱产业，生产的停顿不仅影响渔民的生计，而且关系到厦门的社会和经济秩序。为

俞文农先生（1913—1969）

此，市政府领导十分关注，亲临水产渔业部门指导工作，经研究决定，大部分渔船转移到海南岛生产。然而，转场的难度非同一般，其中最关键的是有谁能够带领这支庞大的木帆船队穿越封锁线，远赴一千多公里外的南海开辟新的渔场，最后重担落到了俞文农身上。

俞文农为何许人也，为何能担此重任？他是响应陈嘉庚的召唤，放弃海外高薪和优厚待遇毅然回国的集美水产航海学校校长，是受到广大师生拥戴德高望重的水产航海教育家，还是一位资深的国际远洋巨轮船长，曾经航行于世界三大洋五大洲，到达过数十个国家的重要港口。可是，彼时俞文农正在落难，他被错划为右派，下放到厦门市水产局所属的渔业社"监督劳动"。在当时的形势和个人处境下，他是否愿意冒着这么大的风险承担如此重任呢？出乎意料的是，当水产局领导征求他的意见时，俞文农只说了简单的一句话："如果一时没有更适合的人选，领导研究决定了，我服从工作需要。"

在短暂而紧张的筹备工作中，俞文农针对转场中存在的各种风险，作出周详的航行计划和应对措施，首先是举办渔船老舦培训班，讲解航行线路、沿途安全注意事项以及联络方法；其次是选准指挥渔船和船老舦，遴选出全港技术最好的陈乌糖担任指挥船的船老舦，同时物色两名家庭成员有航行港台经验的年轻老舦充当中间与断后联络船老舦，使船队环环紧扣，避免个别渔船脱节或掉队；再次是设定沿途几个停靠点，凭着俞文农的名气和人脉，南下沿海港口都有他的朋友和学生提供协助，补充必备的物资和淡水，了解各地港湾航道新的变化，保证船队的顺利航行。

就在当年 9 月一个漆黑的夜间，俞文农带领船队迅速穿越敌人的封锁线，等到金门的守军和海域的敌舰发现时，船队已经安全脱离了险境。航行中，俞文农想方设法，因陋就简，白天用竹竿绑上布条作为旗号指挥，夜晚则用手电筒发出的光线指引航向，克服了许多艰难险阻。船队经过雷州半岛时，由于值班的技术员看错航标导致全队陷入搁浅的危险，当时气象预报又有大风，如不及时排除险情，引发船队触礁，后果将不堪设想。在这危急关头，俞文农主动担当，临危不惧，他对照海图，判明船位，并派出机动船探测底质，寻求正确的航道，终于在大风到来之前引导船队驶出险区转危为安。从厦门港出发到达海南岛的白马井渔港，仅用了七天的时间，创下了比一般行程省一半时间的奇迹。在海南召开的转场生产动员大会上，俞文龙详细介绍了当地海域的情况、渔场分布、主要港口航道以及海上安全生产注意事项，作了详尽的交代。俞文农与厦门渔民一路走来，结下了深厚的情谊，被广大渔民交口称赞：是一位"千军易得，一将难求的好人才"。

俞文农先生家庭合影（摄于 1960 年）

海南岛转场喜获丰收，俞文农带队凯旋，由于他的突出表现，水产渔业部门广大干部、渔民给予了良好公正的评价。后来，俞文农借调到水产科研部门工作。正当他满怀热情地投入渔港规划、实施渔船机帆化以及参与灯光诱捕试验等工作时，一场史无前例的"文化大革命"开始了，厄运又降临到俞文农头上，俞文农于 1969 年 4 月被迫害致死，直到 1978 年拨乱反正后才获得彻底的平反昭雪。在厦门市政协举行的俞文农同志的追悼会上，有一支渔民队伍，几位年长的老渔民站在俞文农遗像前，领头的船老觥饱经风霜的脸上老泪纵横，他哽咽地说："老俞是个太好的人，他不该这么早离开我们啊！"这样一句最朴实的话，代表了厦港讨海人对俞文农深切的悼念之情。2012 年 8 月，为纪念俞文农一百周年诞辰，由集美校友总会牵头，举办了一系列缅怀追思活动，并编辑出版纪念文集。在厦门市水产局召开的专题会上，原渔捞公社的主要负责人和几位健在的渔业生产大队长无限感慨地说：俞文农校长，一位高级知识分子，在身处逆境之时，心系渔民，和我们并肩战斗、患难与共、同吃同住同劳动，十分难能可贵，厦门港的渔民永远记住他，永远怀念他！

《百年俞文农》纪念文集出版

《百年俞文农》编写组部分成员与厦门水产局干部、老渔民代表合影

图书在版编目（CIP）数据

讨海人：玉沙坡涛声 / 陈复授著；厦门市思明区
文化馆，厦门市闽南文化研究会编. —厦门：鹭江出版
社，2020.8
（思明记忆之厦门海洋历史文化丛书）
ISBN 978-7-5459-1790-1

Ⅰ.①讨… Ⅱ.①陈… ②厦… ③厦… Ⅲ.①渔民—
文化史—厦门 Ⅳ.①K295.73

中国版本图书馆 CIP 数据核字（2020）第 147003 号

思明记忆之厦门海洋历史文化丛书
厦门市思明区文化馆
厦门市闽南文化研究会　编

TAOHAIREN

讨海人
——玉沙坡涛声

陈复授　著

出版发行：鹭江出版社
地　　址：厦门市湖明路 22 号　　　　邮政编码：361004
印　　刷：厦门集大印刷厂
地　　址：厦门市集美区环珠路　　　　电话号码：0592－6183035
　　　　　256-260 号 3 号厂房一至二楼
开　　本：890mm×1240mm　1/32
插　　页：2
印　　张：6.125
字　　数：148 千字
版　　次：2020 年 8 月第 1 版　　2020 年 8 月第 1 次印刷
书　　号：ISBN 978-7-5459-1790-1
定　　价：48.00 元

如发现印装质量问题，请寄承印厂调换。